新NISAという名の洗脳

森永卓郎

PHP

はじめに

新NISA（少額投資非課税制度）が始まって半年が経過した2024年7月、主要証券会社の専用口座を経由した個人の購入額が7・5兆円を超えた。旧NISA時代の増加スピードと比べると4倍の勢いだ。しかも、オールカントリーやS&P500といった海外株式を組み込んだ投資信託の購入が大きな割合を占めている。

新NISAが人気を集めている理由は、政府とメディアが揃って国民の不安をあおり、「貯蓄から投資へ」という流れを作り出したからだ。

金融庁が、老後に年金だけで暮らすためには、定年の時点で2000万円が必要という報告書を出し、国民があせっているところに2024年に行われた公的年金の財政検証では、今後、厚生年金の給付額が最悪の場合43％も減るという。そんな状態で老後資金をどう確保すればよいのかと多くの国民が不安にかられるのは、当然の成り行きと言えるだろう。

そうしたなかで、2022年11月、新しい資本主義実現会議にて「資産所得倍増プラン」が決定され、国民に生活を改善するために金融所得を倍増させましょうという呼びかけがなされたのだ。一国の総理大臣が、「貯蓄から投資へ」というキャッチフレーズを掲げ、老後資産の不足は投資で稼ぎましょう、新ＮＩＳＡを使えば、１８００万円までの売却益や配当は非課税になりますと言えば、国民の心は揺れ動く。マスメディアも「貯蓄から投資」の動きを扇動する。「株式投資で１億円の資産を作った主婦」のような記事を載せ、長期・分散・積み立ての投資を行うことでリスクは回避できると言い、物価が高騰するなかで資産価値を守ろうと思ったら、投資しかないと論評するのだ。

２０２３年から急増した著名人の名を騙るＳＮＳ型投資詐欺で、最も名前を使われたのは、実は私だ。被害件数は２位のホリエモンの２倍以上だ。だから私のメールアドレスには、１年半にわたって毎日何人もの被害者からメールが送られてきた。私はそのすべてに少なくとも一回は返事をして、被害金額や詐欺の手口を聞いてきた。その経験から強く感じるのは、いま政府が進めている「貯蓄から投資」の政策が、ＳＮＳ型投資詐欺の手口とそっくりだということだ。

ＳＮＳ型投資詐欺の基本的な手口は、フェイスブックやインスタグラムに著名人の名前を騙るなりすましの投資勧誘広告が掲載される。その広告をクリックすると、詐欺グループが運営するＬＩＮＥグループに誘導され、著名人やそのアシスタントから、投資のアドバイスが送られてくる。

もちろん、アドバイスの送り主はニセモノだ。投資グループには、「アドバイス通りに投資をしたら、大儲けができた」という賞賛の言葉があふれている。もちろん、それを口にする参加者も全員サクラだ。「そんなに儲かるなら」と少額の投資から始めると、それがどんどん増えていく。そこで被害者は、さらに儲けようと投資額を増やしていき、最後は全財産をつぎ込んでしまう。数カ月後に被害者が莫大な金額に膨れ上がった投資を回収しようと、解約の手続きをしようとすると、突然、ＬＩＮＥグループが解散され、それまでの投資は全損になってしまう。

それと同じことが、いま国民規模で行われようとしている。最初は投資に慎重だった国民も、最初は利益を出すことができる。株価が上げ相場のときには、誰でも利益を出すことができるからだ。そして、経済の専門家が、「株価はまだまだ割安だから、これからも上昇が続く。毎年、確実に上がるわけではないが、長期分散投資を守れば、ほったらかしで、老後資金を充実させることができる」と言うのだ。そこで国民は大胆になり、少しずつ貯めてきた貯蓄をどんどん投資に回すようになり、全財産を投資に回す人まで出てくる。そして、ある日突然、その投資は紙くずと化す。バブルの崩壊だ。

その結果、老後資金を充実させるどころか、その後の人生の収入は公的年金だけになり、資産ゼロに転落する国民が続出してしまうのだ。仕掛けやお金の流れは、SNS型投資詐欺とまったく同じだ。

ただ、SNS型投資詐欺よりも、今回の「貯蓄から投資」の政府方針のほうが、悪質性が高いのかもしれない。それは貯蓄から投資への流れを推進している金融機関も、メディアも、経済学者や評論家も、架空の存在ではなく、実在する「本物」だからだ。

本書では、新NISAを始めようと考えている人には投資に手を出さないように、そしてすでに手を出してしまった人には、一日も早い全面撤退をするようにアドバイスを送りたいと考えている。新NISA型投資詐欺にひっかからないように、投資をすることがいかに高リスクかを、本文で詳しく述べていこうと思う。

新NISAという名の洗脳◉目次

第1章 否定される6つの投資神話

第2章

否定される6つのライフスタイル神話

第3章 豊かな老後を築くマネー戦略

第4章 豊かな老後を築くライフスタイル

ブックデザイン／Sparrow Design（尾形忍）

本文組版／システムタンク

イラスト／ヒロ・コジマ

グラフ作成／アットミクスト

第1章

否定される6つの投資神話

いま多くの経済評論家やマスメディアが展開している老後生活に関する議論には、12の特徴的な神話が含まれている。6つの投資関連、そして6つのライフスタイル関連だ。**それらはすべて欺瞞、つまりウソだ。**それが何故なのかを、まず。第一章では、投資関連の6つの神話を検証していこう。6つの神話は、具体的に、以下に示す通りだ。

①　年金の不足は投資で補う

②　分散投資でリスクは回避できる

③　長期積立投資で利回りは預金を上回る

④　国内よりも成長性の高い米国株に投資すべき

⑤　専門家に任せておけば投資はほったらかしでよい

⑥　株価が下がったときこそ投資のチャンス

✕ 年金の不足は投資で補う

いま世の中に喧伝されている「いまの高齢者と同じレベルの暮らしをしようと思ったら、定年時に莫大な資金を貯めておく必要がある」という認識。**そのこと自体は事実だ。問題はその金額だ。**そこでまず、有名になった「老後資金2000万円」を打ち出した金融庁の報告書を振り返っておこう。

金融庁が2019年6月3日にまとめた「高齢社会における資産形成・管理」という報告書のなかで、95歳まで暮らすには2000万円が必要としたことが各界で大きな論争を生んだ。

立憲民主党の辻元清美国対委員長（当時）は、「国民に対し、老後は年金だけでは暮らせないから、投資も含め2000万円かかるぞ、と。政治の責任を放棄したと言わざるを得ない」と糾弾し、まず国民に謝罪すべきだとした。野党は、この問題を参議院選挙の争点にする構えを示した。

報告書の推計は、きわめてシンプルなものだ。現在、無職の高齢2人暮らし世帯は、収入が21万円に対して支出が26万円と、月5万円の赤字となっている。この赤字を65歳から95歳までの30年間積み上げると2000万円近い赤字になるので、それに相当する資産を持っておく必要があるというものだ。

ただ、私はこの試算はむしろ甘いと考えている。一つの理由は、この推計では21万円の収入がずっと続く、つまり、年金給付は減らないという前提を置いていることだ。しかし、現実にはそうはならないのだ。

厚生労働省は、5年に1度、最新の経済情勢や人口動向などを踏まえて、公的年金の長期ビジョンを作成し、年金制度の維持のための制度改革を検討する「財政検証」を行っている。直近で行われた2024年の財政検証では4つのケースごとに将来推計を行った。①高成長実現ケース、②成長型経済移行・継続ケース、③過去30年投影ケース、④1人当たりゼロ成長ケースの4つだ。

推計の焦点は、所得代替率がケースごとにどうなるかだ。所得代替率というのは、公的年金の給付水準を示す指標で、現役男子の平均手取り収入額に対する夫婦合計で受け取る年金額の比率により表される。厚生年金に全期間加入した場合に受け取れる年金額が、現役世代の手取り収入の何%になるのかという数字だ。

図表1　所得代替率の見通し

	実質成長率	実質賃金上昇率	実質運用利回り	所得代替率	減収率
現状				61.2%	
高成長実現	1.6%	2.0%	1.4%	56.9%	-7.0%
低成長移行	1.1%	1.5%	1.7%	57.6%	-5.9%
過去 30 年投影	-0.1%	0.5%	1.7%	50.4%	-17.6%
ゼロ成長	-0.7%	0.1%	1.3%	35.0%	-42.8%

２０２４年度で見ると、所得代替率＝（夫婦２人の基礎年金13・４万円＋夫の厚生年金９・２万円）／現役男子の平均手取り収入額37・０万円＝61・２％というのが、現状の数字となっている。ちなみに厚生労働省は、この所得代替率を50％以上に維持するように制度を設計してきた。

今回、設定されたケースごとの実質経済成長率、実質賃金上昇率、年金積立金の実質利回りの前提条件と、その下で計算された所得代替率を示したのが図表１だ。①高成長実現ケース、②成長型経済移行・継続ケース、③過去30年投影ケースの３ケースに関しては、かろうじて目標の50％を維持できるが、④１人当たりゼロ成長ケースでは、大幅に下がる。現行の所得代替率と比べると42・8％減だ。

厳密に言うと問題はあるのだが、ざっくり言えば、所得代替率の低下は、年金給付の減少を意味する。1人当たりゼロ成長ケースの所得代替率が42・8％減るということは、現在夫婦で21万円の年金収入が、12万円に減ることを意味する。金融庁の報告書でいうと、毎月の収入が12万円、支出が26万円という家計収支になるから、毎月の赤字は14万円になる。それを30年分積み重ねたのが、定年時の必要資金ということになる。

ただ、金融庁の報告書には、もう一つ大きな問題がある。それは、95歳で死ぬという前提を置いていることだ。２０２３年の『簡易生命表』によると、65歳の人が95歳まで生き残る確率は、男性9・7％、女性26・5％と相当高い。統計学でよく使われる検定基準に「5％有意」というものがある。これは、確率が5％以下のものは「起こらない」とみなすが、それ以上の確率のものは、「起こり得る」と考えるという基準だ。95歳で死ぬという前提は、この5％有意水準を男女ともに満たしていないのだ。そこで、１００歳まで生き残る確率を計算すると、男性1・4％、女性6・5％になる。女

図表2　必要となる老後資金

（万円）

現状	30年間の赤字	35年間の赤字
高成長実現	-2,331	-2,720
低成長移行	-2,245	-2,619
過去30年投影	-3,134	-3,656
ゼロ成長	-5,036	-5,876

性は5％有意を完全に満たしてはいないが、5％有意に近い確率になっている。だから、老後資金は、100歳まで生き残ると仮定して、35年間分を用意する必要があるのだ。そのことを前提に必要となる老後資金を計算したのが、図表2だ。

私は、将来の公的年金の姿として、「1人当たりゼロ成長ケース」が、一番可能性が高いと考えており、その場合、30年分の赤字でも5036万円、35年分の赤字だと5876万円となるから、それだけ高額の老後資金を用意しなければならないことになる。

投資にはローリスク・ローリターン、ミ

ドルリスク・ミドルリターン、ハイリスク・ハイリターンの3種類しかない。6000万円近い老後資金を用意しようと思ったら、ハイリスクの投資をせざる得なくなる。しかし、それは全損の可能性を高める。

ちなみに私はちょうど40年前、馬券を買うときに「万馬券しばり」を自分に課した。配当率が100倍を下回る馬券を買わないようにしたのだ。その結果、私は40年間一度も馬券を当てたことがない。つまり全損だ。

だから、そもそも大切な老後資金を投資というギャンブルにつぎ込んではいけないのだ。

×分散投資でリスクは回避できる

投資を勧める評論家や金融機関が、しばしば口にするのは、「株式投資は値下がりのリスクを伴うが、分散投資をしておけば、リスクを低減できる」というものだ。単独株に投資すると、株価変動の影響をもろに受けるが、複数の株式に分散すれば、値下がりする株がある一方で、値上がりする株もあるから、リスクが減少するというのだ。

それを理論的に示すと次のようになる。なお、この部分は、数学アレルギーのある人は、読み飛ばしていただいて構わない。

複数の株式に投資したときのリスクは、「共分散」という数字で表される。共分散は、2つのデータ系列間での、平均からの偏差の積の平均値だ。そしてAとBという二系列のデータがあったときに、共分散は次の公式で表される。

共分散＝Ａの標準偏差×ＡとＢとの相関係数×Ｂの標準偏差

つまり、こういうことだ。

ＡとＢの二つの金融商品を持つリスク
＝Ａのリスク×ＡとＢとの相関係数×Ｂのリスク

単純に、ＡのリスクとＢのリスクの積ではない。間にＡとＢとの相関係数がかかるのだ。相関係数というのは、ＡとＢの価格がどの程度連動しているのかという数値で、完全に無関係であるときは０となり、完全に一致しているときは１となる。つまり、複数の株式を持ったときのリスクは、相関係数が１の株式、つまり同じ値動きをする株式を持ったときには、まったく減らない。逆に、相関係数が低い商品を組み合わせれば、リスクを下げることができることになる。

具体例で話そう。リスクを減らしたいときに、三菱ＵＦＪ銀行の株式と三井住友銀行の両方の株式を持つことは、ほとんど意味がない。なぜなら、大手銀行の株価は連動して動く、すなわち相関係数が高いからだ。だから、リスクを減らすために2種類の株を持つのなら、銀行株と自動車株といった、関係のない業種の株を組み合わせないといけないのだ。

ところが、バブルが崩壊するときには、株価は一斉に下がる。そもそも我々が目にする株式指標は、分散投資がなされている。日経平均株価は225銘柄、TOPIXは東京証券取引所プライム市場に上場する全銘柄（約1800社）、ニューヨークダウは30銘柄、S&P500は、500社に分散投資したときの平均株価だ。それだけ分散投資をすれば価格変動がかなり抑えられそうなものだが、現実には大暴落が起きる。

その理由は、バブルの発生要因にある。バブルは、「業績」という本来の価値に基づいた株価形成が行われるわけではない。株式を買った人が儲かったのをみて、自分も同じご利益にあずかろうと、素人がどんどん参入してきて、株価を吊り上げる。根拠のない「陶酔的熱狂」が発生する。彼らは企業の業績など一切みない。目先にあるのは、投資による利益だけだ。だから、いったん株価が下がり始めるとパニックに陥り、別の株式に乗り換えようとする。ただ、そのときのニーズは、とにかく早く逃れたいというだけだから、企業の業績とは無関係にすべての株に売りが集中する。さきほどの理論式で言えば、相関係数が1に近づいてしまうのだ。また、別の投資商品に乗り換えることもむずかしい。

バブルのときには「エブリシング・バブル」が生ずることが知られている。株式だけでなく、不動産も、原油も、穀物も、木材も、金属も、暗号資産にいたるまで、あらゆる投資商品が値上がりする。だから、バブル崩壊のときには、その真逆のことが、より鮮明に発生するのだ。バブル崩壊時に値上がりする投資商品はない。値下がりしないのは、現金と預金だけだ。だから、バブル崩壊の際の対処法は、一日でも早く、投資から撤退することだけなのだ。

×長期積立投資で利回りは預金を上回る

金融機関や経済評論家が新ＮＩＳＡを使った長期・積立投資を推奨するときに、しばしば使われる資料が、長期の株価推移だ。例えば、この30年間のニューヨークダウの推移を示したのが、図表３だ。

グラフをみると、短期的に値下がりしているところもあるが、長期で見れば、強い上昇トレンドがあり、短期的な株価変動に動揺することなく、長期で投資を続けていけば、高い利回りが得られるというのが、投資勧誘の根拠になっている。

具体的な数字でみても、ニューヨークダウは１９９４年８月月初の３７９８ドルから２０２４年８月月初の４万３４７ドルへと10・６倍になっている。年平均の値上がり率は、８・０％だ。一方、同じ期間を預金で持っていたらどうなったか。残念ながら、アメリカの銀行の平均預金金利のデータがないので、米国債の10年利回りで預金金利を代用すると、30年間の平均金利は、３・７６５％となっている。この金利で30年間

図表3　ニューヨークダウの推移　1994-2024

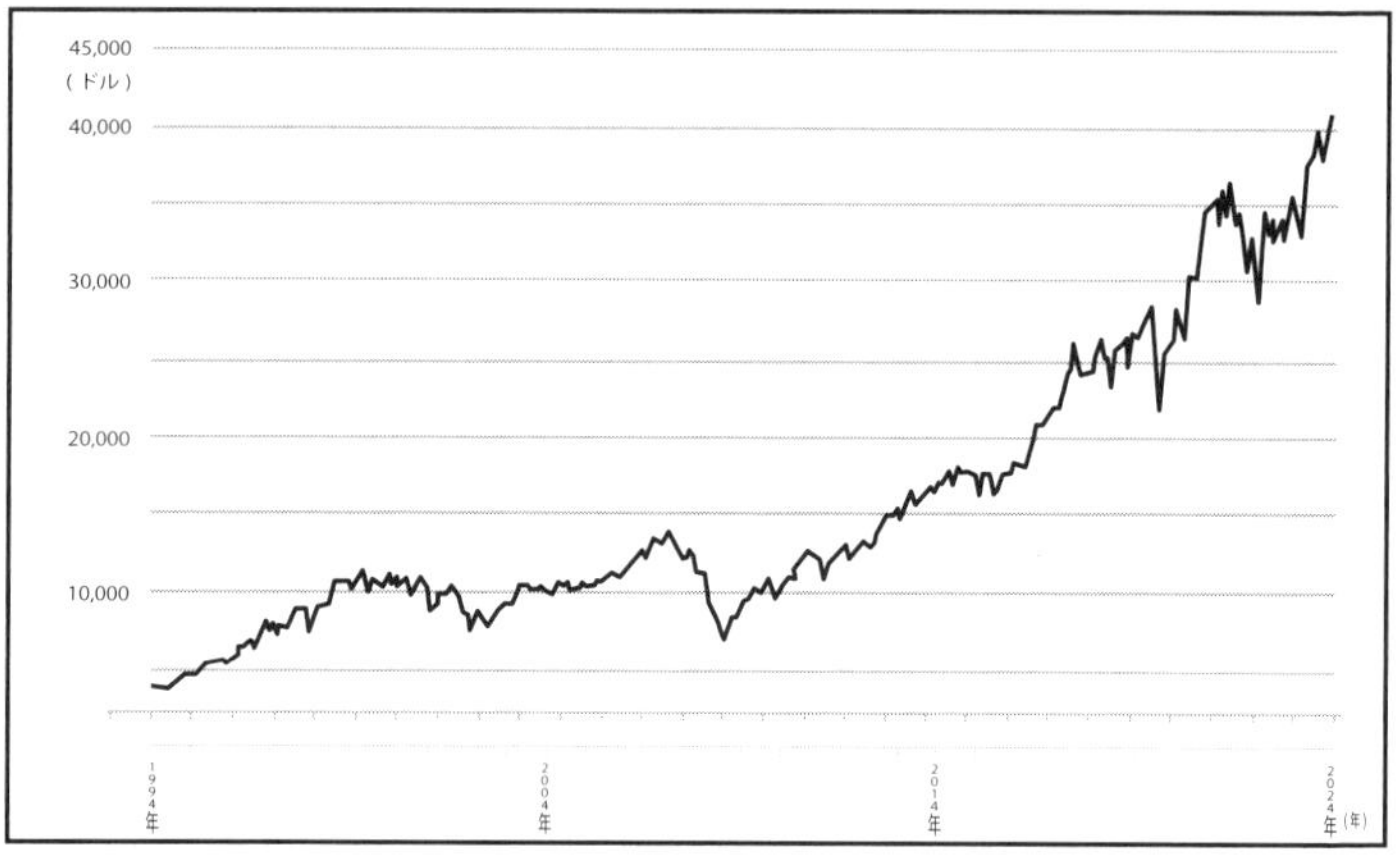

運用すると、元本は3・03倍に増える。

つまり、30年前の1000ドルを30年間運用した場合、株式投資なら1万6000ドル、預金なら3030ドル、現金で持ち続けたら1000ドルのままというのが、過去の実績になっている。このデータをみせられたら、投資の素人は、「やはり株式投資が一番有利だ」と思ってしまうだろう。

ただ、そうした結論になるのは、最近の30年間という期間でみているからだ。図表4は、同じニューヨークダウの1929年から1933年の推移をみたものだ。

株価は1929年8月の308・9ドルから1932年6月の42・8ドルへと86・1

図表4　ニューヨークダウの推移　1929-1933

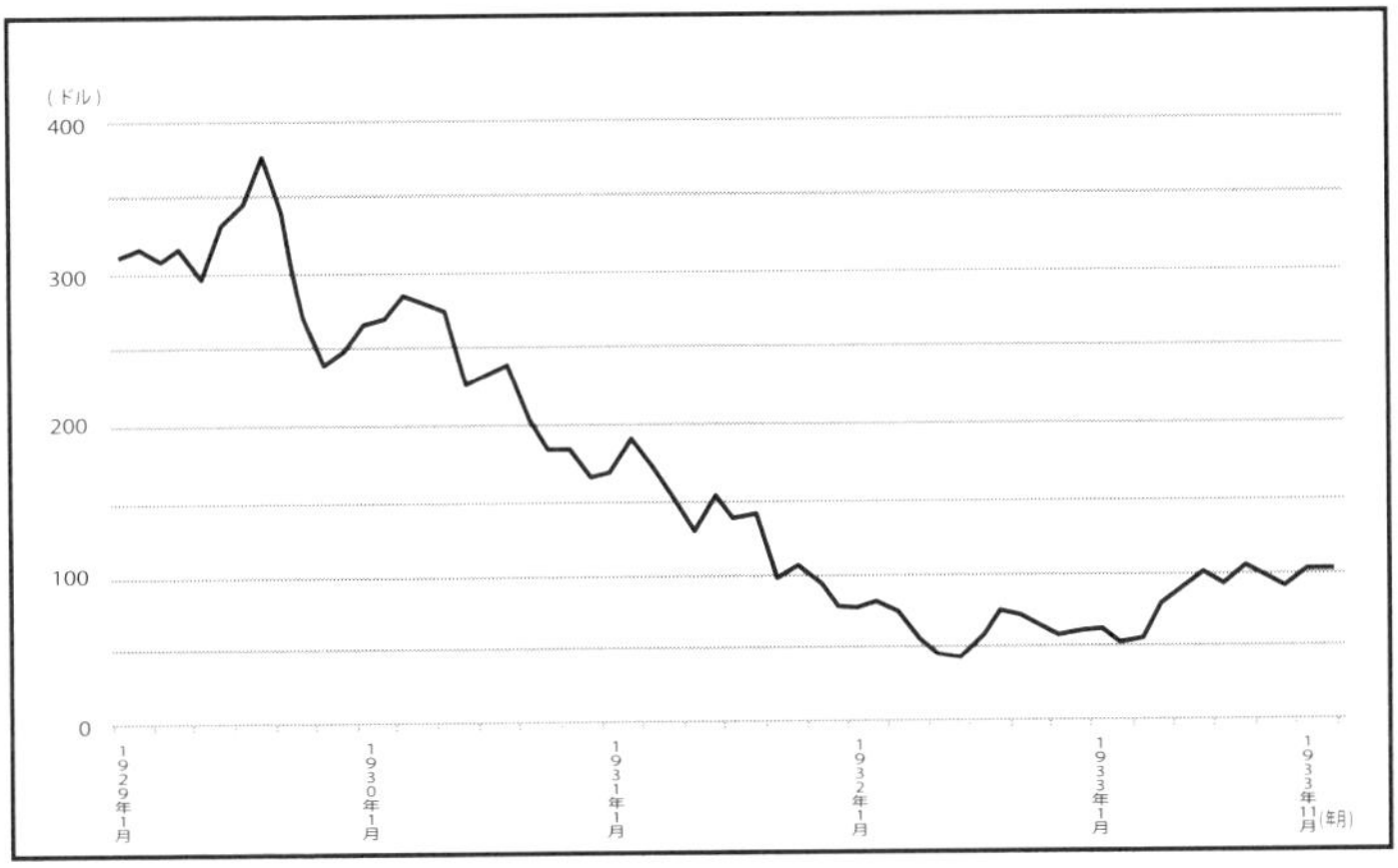

％も下落している。つまり１９２９年８月の１０００ドルの株式投資は、２年10カ月後には１３９ドルに減ってしまったことになる。この間、現金で１０００ドルを持ち続けた人は１０００ドルのままだから、株式投資派より現金派の圧勝ということになるのだ。

当たり前の話だが、株価が上げ相場のときには株式で運用し、下げ相場のときには預金で運用することが利回りを高めるコツになる。それでは、どうすればよいのか。ここで、最近30年間のニューヨークダウのほうに、事例を戻そう。

先に述べたように１９９４年８月に１０００ドルの資金をニューヨークダウに

投資すると、30年後には10・6倍の1万600ドルに増えた。それでは、次のようなルールで運用したらどうなったか。

> 前月比で株価が上昇した月は、株式で運用する。前月比で株価が下落した月は、株式から預金に乗り換えて運用する。ただし、預金金利は一律年3・8%とする。

このルールで運用した場合、1994年8月の1000ドルは、30年後の2024年8月には2110倍の2110万9614ドルになる。とてつもない差がつくのだ。もちろん、こうした運用は、株価の先行きが分からないのだから、現実には、もちろん不可能だ。ただ、似たようなことは実行できる。株価が割安のときには株を買い、株価が割高のときには、預金で運用するのだ。

割安、割高を判断するための指標はたくさんある。例えばCAPEレシオだ。ノーベル経済学賞を受賞したロバート・シラー教授は、CAPEレシオ（シラーPERとも呼ばれる）という株価収益率（PER）の改良版を発明した。バブル期には利益そのものが水増しされる影響を減らすため、利益を物価で割り引いて実質化し、10年間

図表5　S＆P500対象のCAPEレシオ推移

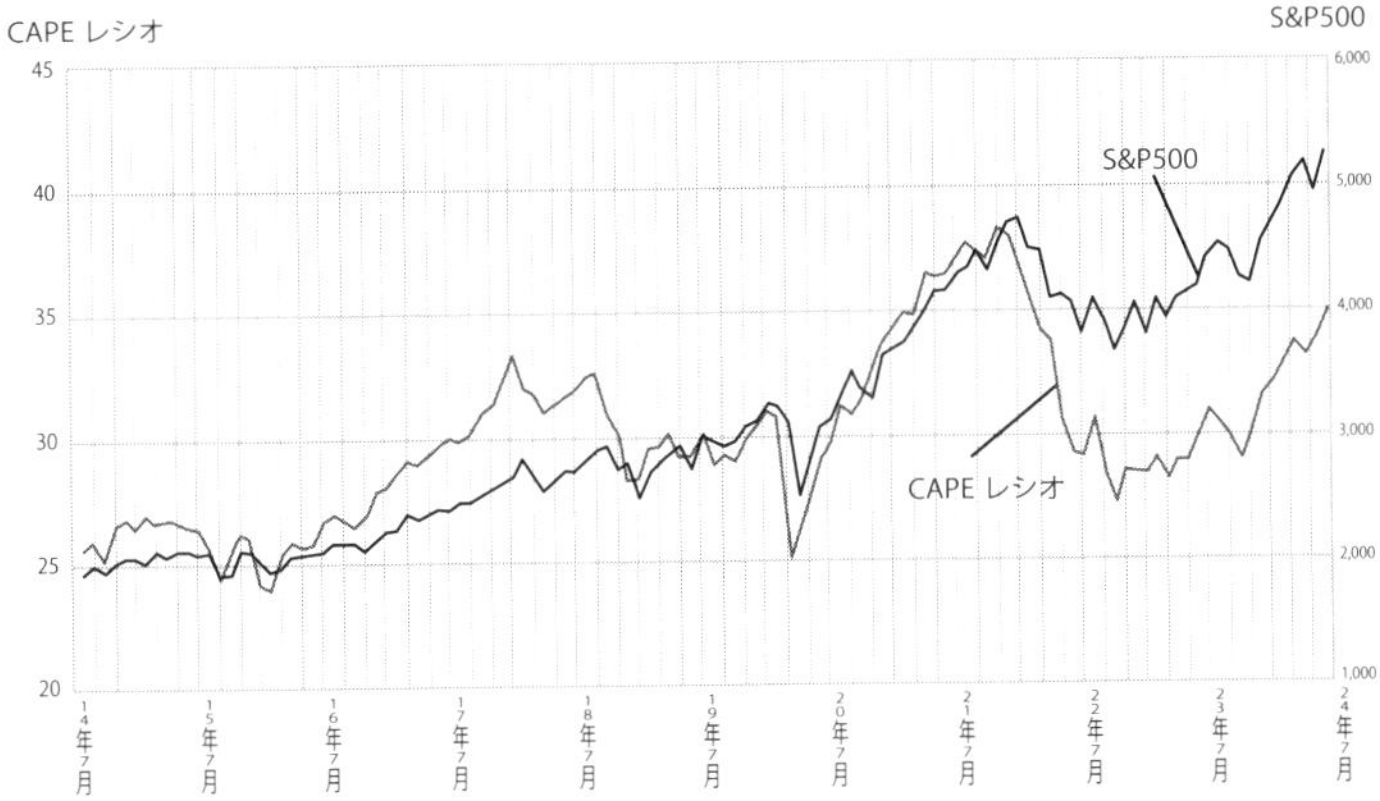

（出所）株式マーケットデータ　https://stock-marketdata.com/cape00top.html

の移動平均をとることで、より明確に株価の割高度合が現れるようにしたのだ。

図表５に示したのがＳ＆Ｐ５００を対象としたＣＡＰＥレシオの推移だ。最近のＣＡＰＥレシオは30倍程度になっていて、適正値とされる12倍と比べると、株価が３倍近くに過大評価されていることが分かる。

もう一つ株価の割高指標が「投資の神様」のウォーレン・バフェットが考案したバフェット指標だ。株式時価総額を名目ＧＤＰで除して計算する単純なもので、適正水準は１００％とされている。図表６に示すように、最近のバフェット指標は、ほぼ２００％となっている。本来の２倍の株価

図表6　バフェット指標の推移

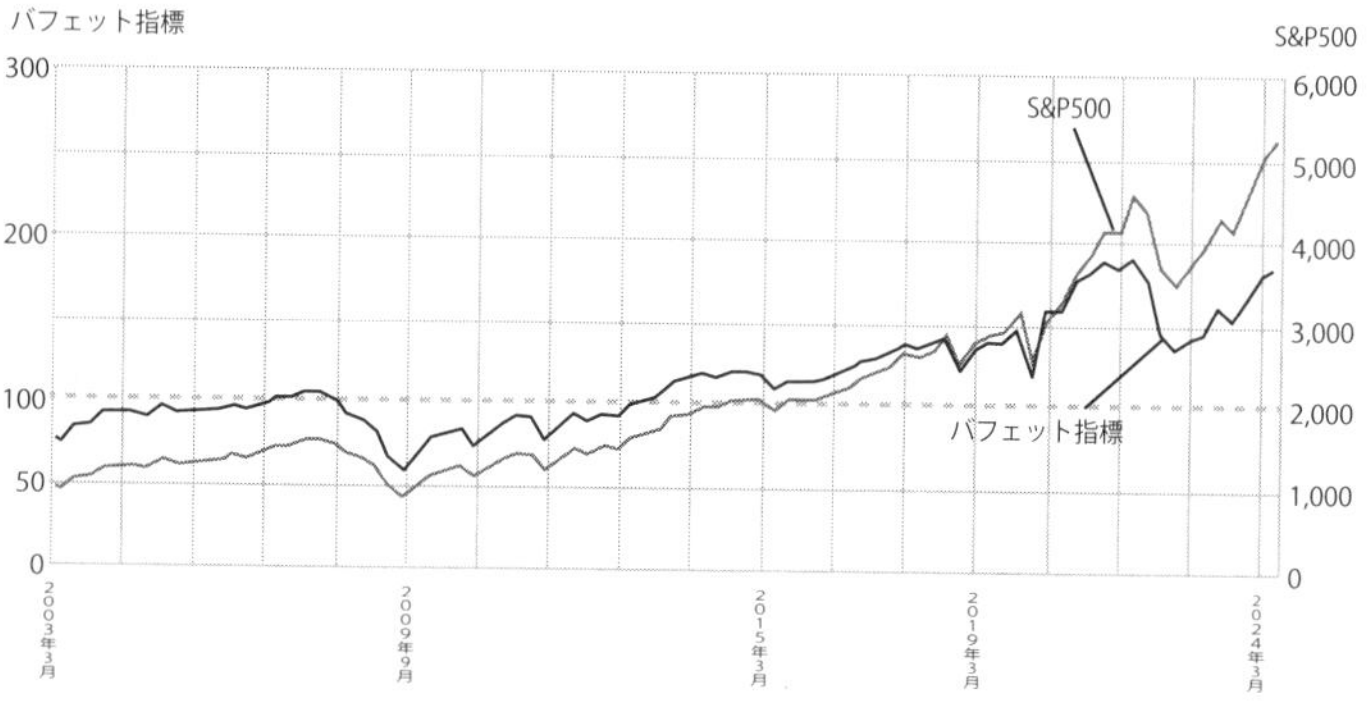

（出所）株式マーケットデータ　https://stock-marketdata.com/buffet-indicator.html

がついているということだ。

つまり、最近の株式相場はとてつもない割高になっており、とても株式投資ができる環境ではなかった。ところが金融機関や経済評論家は、毎月定額を投資する「積立投資」を推奨している。彼らの主張では、毎月一定額の投資を続ければ、株価が割高のときには少ない量の株を買い、株価が割安のときには多い量の株を買うことになるので、平均的な取得コストが下がるというのだ（これをドルコスト平均法と呼ぶ）。

しかし、その主張が間違っている。**株価が割高のときには株を少なく買うのではなく、買ってはいけないのだ。**それでも金融村の人々が、長期積立投資を推奨するのは、もし割高のときに株を買ってもらえなくなると、彼らが干上がってしまうからだ。顧客が損をするのを分かっていながら、自分たちの儲けを安定化するために長期積み立て投資を推奨していることになる。

彼らが顧客のことを考えていないことは、ＮＩＳＡよりもはるかに有利な少額投資非課税制度であるｉＤｅＣｏ（イデコ）をほとんど推奨しないことからも分かる。

実は、老後資金のためには、ＮＩＳＡの他に、ｉＤｅＣｏ（個人型確定拠出年金）という制度がある。ｉＤｅＣｏもＮＩＳＡと同様、配当収入や売却益は非課税だ。一方、ｉＤｅＣｏはＮＩＳＡと異なり、掛け金が税制上、全額所得控除される。例えば限界税率が30％の人は、３割引きで投資商品が買えるということだ。さらにｉＤｅＣｏは、預金のような元本保証の商品にも投資できる。金融村の人々には、それが許せない。投資信託を購入してもらえば、相場が上がろうと、下がろうと毎月信託報酬が転がり込んでくる。ところが、預金なんてされても、彼らにほとんどメリットがないのだ。新ＮＩＳＡが投資詐欺だと私が主張することの根拠の一つだ。

✕ 国内よりも成長性の高い米国株に投資すべき

新NISAの投資先で最もシェアの大きい投資信託は、全世界株式（オール・カントリー）と米国株式（S&P500）という名前がつくもので、全体の6割程度を占めている。ただ、全世界株式も、アメリカを中心に世界の株式が組み込まれている商品なので、2024年1月から始まった新NISAに国民が投じた10兆円の資金の大部分は、アメリカの株式市場に流れたことになる。

なぜ国民が米国株を選んだのか。それは明確だ。この数年でみても、数十年のスパンでみても、アメリカ株のパフォーマンスが圧倒的によかったからだ。

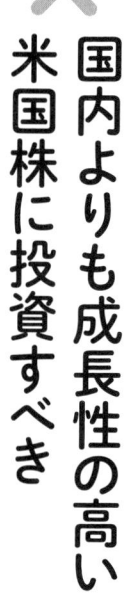

しかし、アメリカ株のパフォーマンスがよかった理由は二つだ。**一つは、アメリカの株式市場が大きなバブルを起こしていたこと、そしてもう一つは、「不当な」円安が進んだことだ。**

この15年ほど、アメリカの株式市場が沸いたのは、ドットコム・バブルが起きたからだ。ＧＡＦＡＭと呼ばれるグーグル、アップル、フェイスブック、アマゾン、マイクロソフトのＩＴ大手がプラットフォーマー（胴元）としての地位を確立し、利益を増やしていった。儲けの仕組みはたくさんあるのだが、一つの事例を示すと、日本のソフトウエア企業がスマホ向けのゲームを開発したとする。世界の消費者は、アイフォーンの場合はApp Storeアンドロイドの場合はグーグルプレイを使ってダウンロードして、代金を支払う。その際、アップルやグーグルは、料金の3割を手数料として受け取るのだ。アイフォーンやアンドロイドは、世界中で使われていて、そこで作動するソフトウエアの数も膨大だから、消費者はどちらかを選ばざるを得ない。それが胴元の利益の源泉だ。

そして、ドットコム・バブルに続いたのがＥＶ（電気自動車）のバブルだった。それは単に動力が内燃機関ではなくなるだけでなく、それまで機械部品の塊だった自動車が、まるでスマホやタブレットのような情報端末と化して、自動運転まで可能になるという構想だった。折からの地球温暖化対策の推進という流れのなかで、機械装置の自動車は電気自動車に置き換えられると信じられた。そして、実際に世界中で電気自動車は、確実に普及していった。さらに、そこから連想が広がったのが半導体だ。

自動運転の実現のためには、人工知能による膨大な計算が必要になる。そのためには、小型化・高性能化した半導体が大量に必要になる。だから半導体産業は今後有望な成長産業だということになったのだ。私自身は、このストーリーに若干の異論があるのだが、仮にこの見立てが正しいとしても、それがバブルを否定する根拠にはならない。

狂騒の20年代と呼ばれる1920年代のアメリカ産業の中心は、自動車と家電製品だった。実際にアメリカ製の自動車や家電製品は、圧倒的な技術力に支えられて、世界最強の競争力を持っていた、しかし、問題はそのアメリカの自動車や家電産業に、実力を大きく上回る株価がついていたことだ。どんなに素晴らしい企業でも、身の丈に合わない株価がつけば、いずれメッキははがれる。それが起きたのが1929年10月24日の「暗黒の木曜日」に代表される株価暴落だったのだ。

それと同じことが、現代でも起きた。電気自動車の最大手、アメリカのテスラ社の時価総額が、世界の主要自動車メーカーの時価総額の合計を上回った。最近起きたもっとおかしなことは、アメリカの半導体大手のエヌビディアの株価だ。

アメリカ半導体大手のエヌビディアの株価が2024年6月18日に、3・5%上昇

2024年6月4日、台北国際コンピュータ見本市「COMPUTEX TAIPEI 2024」で講演に立つエヌビディアの創始者・CEOのジェンスン・フアン氏。写真:AFP=時事

して135・58ドルと過去最高値を記録した。この結果、同社の時価総額は3兆3400億ドル（約527兆円）となり、マイクロソフトを抜いて時価総額で世界1位となった。日本のGDPが592兆円だから、エヌビディアはたった一社で、その9割近くを占めたことになる。ちなみに1年半前のエヌビディアの株価は、8分の1だった。

エヌビディアに投資資金が集中したのは、同社が人工知能で使われるGPU（画像処理装置）で8割という圧倒的なシェアを持つなど、他社を寄せ付けない高い技術を誇っているからだ。そのため、エヌビディアの半導体は、とてつもない高値で取引され、

2024年9月3日（現地）のアメリカ株式市場でエヌビディア株が9.5％の下落。1つの銘柄として過去最大の2789ドル（約40兆円）が消失する展開となった。写真は2023年10月、中国・杭州で開催された展示会にて撮影。写真:Sipa USA/時事通信フォト

２０２４年２月～４月期の営業利益率は65％に達している。

この状況を受けて、株式市場全体も半導体関連株がけん引する形で活況を呈した。しかし、私はエヌビディアの絶好調が何年も続くとは考えていない。同業他社も半導体の技術開発を猛スピードで進めているからだ。過去にも、ネットブラウザーで圧倒的シェアを誇ったネットスケープは、インターネットエクスプローラーに取って代わられ、それがさらにグーグル・クロームに置き換わっている。「驕れる者も久しからず」なのだ。

長い歴史でみても、１６３０年代のオランダでは、チューリップの球根が投機の対

象となった。チューリップは品種改良で、さまざまな亜種を作り出すことが可能だったために、巨大なブームを引き起こし、希少性のある品種の球根にはとんでもない価格がつけられるようになった。

アメリカの経済学者で、生涯をバブル研究に費やしたジョン・ケネス・ガルブレイスの『バブルの物語』（1990年）には、「1636年になると、それまでたいして価値があるとは思われなかったような一個の球根が『新しい馬車一台、葦毛の馬二頭、そして馬具一式』と交換可能なほどになった」と書かれている。チャールズ・マッケイが1841年に出版した『狂気とバブル―なぜ人は集団になると愚行に走るのか』によると、球根一個と12エーカー（4万9000平方メートル）の土地が、交換されたという。

たかがチューリップの球根にそれだけの値段がつくのはおかしいと誰しも思うだろう。しかし、最下層民までが「チューリップ、チューリップ」とわめきたて、夢中になっている状態では、誰もそんなことには気づかない。のちにチューリップ狂と呼ばれるこの事件は、オランダ人全体を巻き込んだ集団的な狂気（陶酔的熱狂）だったのだ。

エヌビディアの半導体は、確かに現時点では、他社の半導体よりずっと高い集積度を実現し、その結果としての高性能を誇っているが、それでも半導体としての本質は、他社の製品と何も変わっていない。ただ、性能が上がったというだけで、とてつもない高値がついている。**エヌビディアの半導体素子は、現代の「チューリップの球根」になっているのだ。**

もちろん、そうしたバブルは必ず崩壊する。そして、「山高ければ、谷深し」で、バブルにわいた国や投資商品ほど、バブル崩壊の痛手は大きくなるのだ。

？円安の原因は何か

新NISAで、米国株への投資が人気となったもう一つの理由は、ドル高・円安が進んだことだ。ドルの対円為替レートは、2024年7月3日に161・94円の年初来最高値を記録した。ドルが高くなれば、当然ドル建て投資の価格は上昇する。バブルによる株高とドル高の二重の効果で、アメリカ株の価値が上昇したのだ。

問題は、このドル高（＝円安）がなぜ生じたのかということだ。世の中で流布されている説は二つある。一つは、日本経済が国力を失い発展途上国へと転落しつつあるからだというもの。もう一つは、日本の金利が米国金利を大きく下回っているため、円を売ってドルを買う動きが強まったという説だ。いずれも、感情に訴える内容で、多くの人が信じているが、**この理屈を主張する人たちはアベノミクスに批判的な人たちがほとんどで、アベノミクスを否定したいがために作り出した屁理屈だ**。つまり真っ赤なウソなのだ。

ただ、この理論を信じる人は世の中にあふれている。それは経済学者や政治・行政

2024年7月31日、政策金利の利上げをきめた金融政策決定会合後、記者会見に臨む植田和男日銀総裁。写真:時事

の世界まで広がっている。

２０２４年７月31日に、日銀は金融政策決定会合で短期金利をゼロから０・25％へと引き上げる決定をした。すでに世界経済は景気後退期に突入しており、イギリスは利下げを決定し、アメリカは９月に大幅な利下げを予定している。**つまり世界中が金融緩和に向かうなかで、日本だけが金融引き締めの道を選んだのだ。**岸田総理（当時）は、日銀が利上げを決めたあと、「政府と日銀の密接な意思疎通の下で行った」と、遠回しに日銀への利上げ圧力をかけたことを示唆した。また、それに先立って、河野デジタル担当大臣も、茂木幹事長も、講演などで利上げの必要性を訴えた。円安で生

活が苦しくなっている国民のために、利上げで円安を阻止し、国民生活を支えようと考えたのだ。

それどころか、2024年8月4日に公表された6月の金融政策決定会合の議事要旨では、円安などが物価に及ぼすリスクについても議論され、何人かの委員からは、「最近の円安などを受けて再度、輸入物価は上昇してきており、物価の上振れリスクとなっている」との指摘が出された。ただ、今後の金融政策の運営について、経済や物価の見通しが上振れたり上振れリスクが高まったりした場合も「利上げの理由となる」との認識を共有していたことが分かった。経済がよくなろうと、悪くなろうと、とにかく利上げ一直線というのは、カルト教団が掲げる「教義」のようなものだ。

しかし、為替レートと金利は一切関係ない。ましてや国力とも無関係だ。**為替レートは通貨の交換比率に過ぎず、その水準は、同じ商品がどちらの国で買っても同じ値段になるように決まるのだ。**その為替レートのことを購買力平価と呼んでいる。

例えばアメリカでは1ドルで売られているハンバーガーが、日本では100円だったとすると、1ドル＝100円が購買力平価となる。ただし、購買力平価は商品によ

2024年8月26日、FRB（連邦準備制度理事会）のパウエル議長が利下げに踏み切る方針を発表し、1ドル＝143円台後半に急落した円相場。写真:時事

って異なる。例えばアメリカでは1ドルで売られているキャンディーが、日本では80円だったとすると、1ドル＝80円が購買力平価となる。こうした商品ごとの購買力平価を平均したものが、経済全体としての購買力平価となる。

ちなみにIMF（国際通貨基金）が2024年の世界経済見通しのなかで明らかにしているドル・円の購買力平価は、1ドル＝91円だ。つまり、対ドル為替レートは、本来90円程度に落ち着くべきなのだ。

それなのに現実の為替レートが、購買力平価と大きく乖離《かいり》してしまう原因は、「投機」が存在するからだ。為替市場で取引される通貨の99％以上は、貿易などに使われる実需ではなく、為替を対象とした投機だ。為替がギャンブルの道具として使われているのだ。ギャンブルだから、ひとたび流れができると、みながそれに乗ろうとするので、乖離がどんどん進んでいく。ただし、経済実態から離れ続けることはできないので、長くても数年から十数年の間には、為替は購買力平価に戻っていく。だから、1ドル＝160円の高値がついたドルは、ほうっておいても1ドル＝90円に向けて減価していく。ドルは、少なくとも中長期的には44％も減価していくのだ。

バブルの崩壊とドルの大幅安の二重苦が待ち受ける米国株は、いま最も投資をしてはいけない投資対象なのだが、その危険な米国株に国民の資金を急速に移していったのが、新NISAだったのだ。

それは、カルト教団なみの「洗脳」だ。カルト教団が使う常とう手段は、「あなたに悪霊がついていますよ」と不安を煽り、「悪霊を祓うためには、この100万円の壺を買いなさい」と何の価値もない壺を買わせる。政府も、「これから年金給付が減って、老後資金が足りなくなる」と国民の不安を煽り、「足りない老後資金は投資で穴埋めしなさい」と、ほとんど価値のない米国株を買わせているのだ。

金融庁が作成した「はじめてみよう！ＮＩＳＡ早わかりガイドブック」に掲載された長期・積立・分散投資のシミュレーションを示したグラフでは、毎月１万円の積み立てを20年間したときに現金で持っていれば２４０万円のままだが、日経平均で運用すると４４３万円、全世界投資信託（事実上米国株）で積み立てたときは６９０万円になると示されている。

長期・分散投資でリスクが減るという理屈がインチキであることは、これまで述べてきた通りだが、それを堂々と政府自身が国民に訴えている。ガイドブックは、次のようなコメントで始まっていた。

「人生１００年時代。資産形成の重要性が増しています。株式・投資信託等にリスクはつきものですが、ポイントを押さえることで安定的な資産形成が期待できます」

こうした国民を騙すための「教宣資料」を国民の血税で作ることは、果たして許されるのだろうか。

×専門家に任せておけば後はほったらかしでよい

新NISAは、信者たちから「思考を奪う」という点でも、詐欺師と同じ手法を採っている。新NISAの主力商品は言うまでもなく、投資信託だ。金融業者が投資信託を勧める表向きの理由は、素人が複数の個別株を買って分散投資をするのは面倒だし、金融の専門家に任せておけば、適切に運用してくれるので、安定したリターンを得られるというものだ。

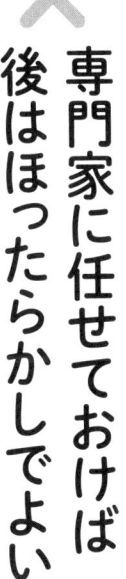

しかし、実際にやってみればすぐに分かるのだが、個別株を十数銘柄も買えば、大まかには全体の値動きをトレースするポートフォリオ（投資資産の構成）を作ることは容易だ。そうすれば、金融業者に信託報酬を支払う必要はなくなる。

それだけではない。投資信託には、機械的にポートフォリオを決めるパッシブ型とファンドマネージャーが企業分析をしてより収益性の高い株に積極投資をするアクティブ型の2つがある。もちろん、信託報酬はアクティブ型のほうがずっと高い。ところが、複数の人が分析をした結果、アクティブファンドの運用成績がパッシブファンドを上回っている証拠はどこからも見つかっていないのだ。それは、ある意味当然のことだ。未来のことなど誰にも分からないからだ。

それどころではない。金融機関に勤める社員は、バリっとしたスーツを着て、都心のきれいなオフィスで働き、専門用語を並べ立てるので、金融に精通したエリートだと思われている。昔は私もそう思っていた。しかし、彼らと40年近く付き合ってきてはっきりと分かったことがある。**それは、銀行や証券会社、投資銀行に勤める人の9割はポンコツだということだ。**高度な数学を操る金融工学を駆使して、ローリスク・ハイリターン商品を開発したなんて言ったりするのだが、そこで使われている数学は、高校生レベルのものだ。もちろん経済分析も、日本経済新聞を見れば書いてあるようなことばかりを言っている。それは、ＳＮＳ型投資詐欺で、詐欺師たちがグループチャットの参加者たちを騙すために、わざとむずかしいレポートを送り付けてくるのと同じ構造なのだ。

金融業界に勤める人たちが本当に得意としているのは、大口顧客のところに足繁く通い、顧客に不利な金融商品を売りつける「どぶ板営業」だけなのだ。彼らの行動基準はたった一つ。自分たちが、いかに安定的に儲けるか、もっとはっきり言うと、い

2016年7月、5兆円超の損失を出した2015年度の運用実績について、記者会見で説明する年金積立金管理運用独立行政法人（GPIF）の高橋則広理事長（当時）。写真:時事

かに顧客の資産を奪うかということなのだ。

金融の専門家が、いかに無能であるかは、GPIF（年金積立金管理運用独立行政法人）の行動でも分かる。いま我々の年金積立金は、彼らが投資先を決めて運用されている。しかし、そのポートフォリオは、内貨が半分、外貨が半分で、それぞれを株式と債券で半分ずつ運用している。つまり、外国株、外国債券、内国株、内国債券に4分の1ずつ投資をしているだけだ。本来であれば、円が割安になったらドル建ての資産を売り、株価が上がり過ぎたら、そこで株を売って利益を確定するという行動を採らないといけない。その意味で、米国株は真っ先に売らなければならない資産だったのだが、売ることはまったくなかった。運用の専門家と言われるＧＰＩＦの人たちの投資行動は、素人以下なのだ。

そんな状態で、投資を「専門家」に任せるのは、カネをドブに捨てるようなものなのだ。

×株価が下がったときこそ投資のチャンス

２０２４年８月２日の東京株式市場で、日経平均株価が急落し、終値が３万５９０９円と、前日と比べて２２１６円（５・８％）の大幅安で引けた。この下落は１９８７年のブラックマンデー以来、２番目の下げ幅だ。

続く週明けの８月５日、日経平均株価の終値は、前日比４４５１円安の３万１５４８円と、過去最大の下落を記録した。その原因として多くのメディアが伝えたのは、①アメリカの失業率が２割増加し、製造業の景況感も悪化するという景気減速懸念、②世界株高をけん引してきた半導体をはじめとするハイテク株への期待喪失、③足元の円高進行の３つだ。

しかし、メディアが原因としてあまり取り上げなかったのが、日銀の利上げだ。７月31日に日銀は金融政策決定会合で短期金利を０・25％引き上げることを決めた。世界景気の後退懸念のなかで、イギリスが利下げを決め、アメリカも9月の利下げが確実となるなかでの日本の利上げは、まさに逆噴射、自爆テロに近いものだった。しか

2024年8月5日、史上最大の下げ幅となる4451円28銭安で終了した日経平均株価の終値を示すモニター。写真:時事

も岸田総理は、「利上げは日銀と意思疎通のうえで行った」と自らの関与を示唆し、利上げは金融正常化の重要なステップだと金融引き締めに強い意欲を示した。メディアは、岸田総理の根拠なき緊縮策を批判してこなかったから、いまさら利上げが株価暴落の引き金となったとは言えなかったのだ。

そして、メディアがまったく触れていないのが、今回の暴落がバブル崩壊の入り口という見立てだ。いまや「貯蓄から投資」は国策となっている。株価が暴落中の8月2日、岸田総理は、国民の金融知識の向上を目指すために設立したJ‐FLEC（金融経済教育推進機構）を視察し、1月の新

2024年8月5日、金融経済教育推進機構を視察し、関係者らと意見交換する岸田文雄首相（当時）。写真:時事

ＮＩＳＡ開始以降、買い付け額が10兆円規模となる見込みだと明かした。政府の意向を踏まえたのかは不明だが、野村証券は８月２日に「米国経済が今後堅調を続けるなら、これまでの経験上１カ月後に底値がくる」との見通しを明らかにしている。しかし、それは意味のない予想だ。今回の株価暴落は、そもそもアメリカの景気失速が原因だからだ。

いま一番気を付けないといけないのは、株価が下がったからといって、新たな買いに入ることだ。実は、私自身にも苦い経験がある。バブル期にシンクタンクに転職した私は、月給が１００万円にジャンプアップした。毎日深夜まで残業したからだが、使う時間がないので、カネは貯まる一方だった。そして、日経平均株価は、1989年12月29日、3万8915円まで上昇し、当時の最高値を記録した。その日経平均が3万2000円程度まで下がったとき、私は「調整が終わった」と考え、貯まった預金のかなりの部分を日経平均連動の投資信託に投じた。だが、日経平均はその後も下がり続け、耐え切れなくなった私は日経平均が1万円近くまで下がったところで損切りをした。バブルで稼いだカネが、泡のように消えたのだ。

今後の日本経済で同じことが起きる可能性は極めて高いと私は考えている。**だから、いまやるべきことは、投資からの撤退であり、新規参入ではない**。泥船に乗り込んではいけないのだ。

実は私は数年前からバブル崩壊のリスクを唱え続けてきた。それは、今回の暴落の直前でも続いていた。2024年7月28日のスポーツ報知WEB版に掲載された私の連載コラムは次のような内容だった。

7月25日、日経平均株価が前日比1285円安の3万7869円と7日連続の下落となった。7月11日の最高値4万2427円と比べると11％の下落だ。これがバブル崩壊の入り口かどうかまだ断定できないが、そうだとすると、株価下落はまだほんの入り口だ。

1929年9月3日に386ドルだったニューヨークダウは、1932年7月8日に40・6ドルまで値下がりした。下落率は89％だ。一方、89年の大納会で3万8915円をつけた日経平均株価は、2008年10月28日に6995円に値下がりした。下落率は82％だ。

今回の株価下落の大きな原因は、急速に円高が進んだことだ。1ドル＝152円と、わずか10日間で10円も進んだ円高は、まだ調整途上だ。モデル計算でも、購買力平価でも、均衡為替レートは1ドル＝110円程度、つまり本来の姿に戻るまで、あと40円ほどの円高が必要になるからだ。

貯蓄から投資という政府の掛け声に乗せられて、新NISAを始めた国民からは、怨嗟《えんさ》の声が上がっている。ただ、損失はこんなものでは済まない可能性がある。株は買うよりも売る方が、はるかに難しい。特に上げ相場のときはそうだ。

私は7月12日に、生前整理とガンの治療費確保のため、株主優待目的のものを除いて、すべての株式や投資信託を処分した。ただ、こうなってみると株主優待用も一緒に処分しておけばよかったかなと正直思っている。

多くの経済評論家が、日経平均は利益との比較で見れば割高とは言えないと株価再上昇を唱えているが、89年にも「Qレシオ」というバブルを正当化する指標が喧伝《けんでん》された。未来のことは誰にも分からないが、今回の株価下落による傷が浅いことは、事実だ。投資から手を引くチャンスは、まだ続いている。（経済アナリスト・森永卓郎）

株価の暴落が、このコラムが掲載された直後に実際に起きて、私は、正直言って、少しは世間が私の見通しを評価してくれるのかなと思っていた。ところが、この記事に対する読者のコメントのほぼすべてが、私への非難だった。株価の暴落がバブル崩壊の入り口だという私の見立ては「妄想」だというのだ。いまは一時的な株価の調整が入っているだけで、長期的には株価は上昇し続けるのだから、撤退どころか、いまこそ投資のチャンスだという主張が大部分を占めていた。

また、株価の暴落を受けて、私のところにかかってきた取材電話に対して、私は、この暴落はバブル崩壊の入り口であること、日経平均株価は中長期的には3000円程度まで下落する可能性があることを話した。しかし、私のコメントはすべてボツになった。そうした見立てが、メディアから流れること自体がなかったのだ。

ただ、冷静に考えてみると、それは当然のことかもしれない。テレビにしろ、雑誌にしろ、新聞にしろ、金融村からの広告を受けていないメディアは、ほぼない。株価が下落トレンドに入ることは、金融村にとって最大の危機に直結するから、躍起になってバブル崩壊を隠そうとする。そこに「バブル崩壊」などというコメントを掲載できるはずがないのだ。

さらにバブル崩壊を口にすることは、政府に逆らうことも意味する。金融庁の井藤英樹新長官は、2024年8月5日にNNN（日本テレビ系のニュースネットワーク）のインタビューを受けて、次のように語っている。

新NISAを導入して、これまでも非常に多くの方々に口座も新たに開いていただきましたし、投資額も増えてきているということでかなり手応えは感じてます。ただ昨今、相場の変動等もありますけれども、「長期」・「積立」・「分散」投資とありますので、投資と向き合う際に一定程度、長い目線を持ってぜひ取り組んでいただければと思います。金融庁では、かねてより「長期」・「積立」・「分散」投資というのが家計の資産形成にはより良い、適当なのではないだろうかというふうに申し上げてきたところであります。長い時間軸をとってみると、相場が高い時もあれば低い時もある。そうした中で相場の短期的な変動に一喜一憂するということではなく、コツコツと積立投資に向き合っていくことが資産形成には大事なポイントと思います。

私自身は、2024年8月に起きた株価の暴落を機に、潮目が変わったと判断している。株価は箱根駅伝の「復路」に入ったのだ。標高724メートルの芦ノ湖をスタートして、強羅くらいまで山を下りてきた。この後、アップダウンを繰り返しながら、小田原まで下り坂が続く。その後は、東京大手町まで、ずっと標高数メートルの地点を走り続け、二度と上り坂がやってくることはない。

これまでも、バブル崩壊の後は、中長期の上げ相場が復活するという事態が繰り返されてきた。しかし、そうした事態が生じたのは、バブル崩壊の直後から、新たなバブルが形成されていったからだ。しかし、今回のバブル崩壊で同じことは起きないと私はみている。資本主義の抱える矛盾が最高潮に達しており、バブルを引き起こす資本主義自体が終わると考えているからだ。

いまから150年も前に、マルクスは現在の世界が抱える矛盾を見通していた。その理由としてマルクスは、資本主義が進むと、①許容できないほどの格差が広がる、②地球環境が破壊される、③少子化が止まらなくなる、④ブルシットジョブ（くそどうでもいい仕事）が蔓延するという4つの理由を挙げた。まさに現代社会が抱え込んだ矛盾なのだ。

本当は2008年リーマンショックのときに資本主義は終わるはずだった。それを妨げたのが、中国が行った天文学的な開発投資だった。アメリカが開発投資に100年間かけて使ったコンクリートを中国はたった数年で使ってしまった。しかし、いまや中国はその時の過大投資が原因で、いま不動産バブル崩壊で身動きできなくなっている。バブル崩壊の救世主は、もはやどこにもいないのだ。

第2章

否定される6つのライフスタイル神話

老後は収入が激減する。ところが、人間というのは、変化を好まない。だから、現役時代のライフスタイルを継続しようとする。その身の丈に合わない欲求が、さまざまな不幸をもたらし、投資詐欺にひっかかる最大の原因にもなるのだ。私は、老後生活で否定すべきライフスタイルは、以下の6つだと考えている。

①　大都市は魅力に溢れている
②　電気は電力会社から買えばよい
③　食料もカネで買えばよい
④　東京は安全で安心な街
⑤　働き続けて健康と生きがいの一石二鳥
⑥　都落ちなんてできない

✕ 大都市は魅力に溢れている

もう四半世紀も前になるが、私は仕事でちょくちょく上海を訪れていた時期がある。そのときは、まだ上海に旧市街が残っていて、古い街並みと新市街に建ち並ぶ摩天楼が併存していた。ただ、新市街は、ものすごい勢いで拡張を続けていて、旧市街はいずれ消えてしまうだろうなと当時から思っていた。当時の上海は、完全な二重経済になっていて、新市街と旧市街では、物価が桁違いに違っていた。ジュースを買って飲むと、値段が10倍くらい違っていたのだ。もちろん同じジュースではない。新市街では本物のオレンジジュースが出てくるが、旧市街のジュースは、駄菓子屋のジュースだった。

当時、旧市街の住人と話をしていて、忘れられなくなった言葉がある。「新市街は、素敵な場所だよ。ただ、それはお金がある人にとってはという条件があって、僕らのような貧乏人は、新市街に行ってもすることがない。つまらない街になってしまったんだ」。結局、その話を聞いた旧市街は、いまではすっかりなくなり、旧市街の住民は、

上海の古い市場通りと、後方にそびえる新しいアパート群。2005年撮影。写真:時事通信フォト

雲散霧消してしまった。

そうした構造は、東京でもまったく同じだ。東京は、キラキラした魅力にあふれている。世界から一流のレストランが集まってきて、さまざまな国のさまざまな料理を食べることができる。国内の食材も、最も高級なものは、産地ではなく、豊洲市場に集まってくる。劇場や映画館は、小劇場も含めて、無数といってよいくらい存在している。医療機関も充実していて、しかも日本の名医と呼ばれる人が集中している。交通機関も発達していて、地下鉄は数分おきに運航されており、タクシーも予約なしで、手を上げれば停められる。進学校が集中し、お受験を支える塾や予備校も充実している。

ただ一つの問題は、東京のそうした魅力を享受するためには、カネが要るということだ。東京23区の新築マンションの平均分譲価格は、２０２4年上半期で1億円を超えている。私は、長い間、都心とトカイナカの二拠点生活をしてきたので、その生活実感から言うと、物価は東京中心部のほうが3割ほど高い。最も違うのがコインパーキングの料金だ。東京都心部のコインパーキングの料金は、20分で７００円というところがたくさんある。わが家の近所は、丸一日停めて７００円だ。

定年後、年金生活に入ると収入は激減する。第一章で述べたように、夫婦2人の公的年金の収入は、標準ケースでも、夫婦合わせて19万５０００円となる。しかもこれは、厚生年金保険料をフルに納めた場合のモデルケースだから、実際に受け取る年金は、もっと少なくなる。20万円を下回る月収で夫婦二人が東京で生活することがむずかしいことは、一度暮らしたことのある人なら、すぐに分かるはずだ。

ちなみに先日、元経産官僚の岸博幸氏と共著を出すために対談を行った。そこで、いま二人とも二拠点生活をしていることが判明した。私は、週に2回、クリニックで

東京五輪・パラリンピック選手村跡地をマンション群として再開発した東京都中央区の「晴海フラッグ」。写真:時事通信フォト

の治療とラジオの生放送を兼ねて、自宅から2時間近くかけて東京に通っている。ラッシュアワーに電車に乗るわけにはいかないので、夜に家を出て、翌日午前中に仕事を終わらせて、日中の空いている電車に乗って戻ってくる。一方、岸博幸氏は、普段は都心のタワーマンションで暮らし、週末は避暑地の別荘で自然を満喫して過ごしている。多くの都市住民が憧れる老後生活は、岸博幸氏が実践しているライフスタイルだろう。ただ、そのパターンの老後生活を送るためには大金が必要だ。岸博幸氏は、62歳になったいまでも稼ぎ続けている。ただ、それが可能なのは、岸氏がとても優秀だからだ。私は1万人に1人くらいの才能だと

思う。一般の人には、とても真似ができないだろう。

だから、一般の高齢者が大都市での暮らしを続けようと思ったら、どうしても年金以外の収入を増やさざるを得なくなる。**その欲求に「投資詐欺」が付け込んでくるのだ。**

✕ 電気は電力会社から買えばよい

安倍晋三政権の時代、エネルギー政策は、「原発依存度をできる限り低減する」というものだった。東京電力福島第一原子力発電所がメルトダウンする事故は、福島県民の運命を根底から変えてしまうほどの影響をもたらした。事故から13年経ったいま、福島県では、インフラの復興こそ進んだものの、元の姿には戻らず、いまもズルズルと人口減が続いている。安倍政権のエネルギー政策は、そうした悲惨な事態を繰り返さない決意のもとで作られたものだった。菅義偉政権でも、原発依存度の低減という基本路線は守られたものの、同時に原発も重視する政策が加わった。そして、岸田政権は、原発を重要なベースロード電源として活用し、原発の新増設を認めるという形でエネルギー政策の抜本転換に踏み切ったのだ。

その大きな原因は、夜間も大量の発電をするベースロード電源がないと、大都市の生活が成り立たないからだ。例えば、高層マンションにエレベーターは不可欠だ。そのため住民が自宅に出入りするたびに大量の電力が消費される。タワーマンションの場合、洗濯物をベランダに干すことが禁止されている物件が多い。そのため、洗濯物は乾燥機で強引に乾かす。もちろん、そこでも大量の電気が消費される。水道も同じだ。水道管の内圧で水が上がるのは3階までだ。それ以上の階は、ポンプで水を汲み上げないといけない。逆に言えば、電気がないと、高層マンションは、水も出なくなってしまうのだ。そうした暮らしを支えるためには、昼夜にわたって安定的に電力を供給するベースロード電源が必要になる。

ただ、電力会社が地方で生産した電力を、送電線を使って長い距離を運んでくるというシステムには、致命的な欠陥がある。その一つが災害時に大規模停電が、長期間発生するということだ。

2019年10月に千葉県を襲った台風15号の恐ろしさは、私も身を以て感じた。ちょうど台風の後に千葉県白子町でゼミ合宿があり、合宿先のホテルがたまたま停電を免れたため、私は車を運転してホテルに向かった。途中、林のなかの木々を見ると、真ん中のところでポッキリと折れて、断面がささくれ立っていた。生まれて初めて見る光景だった。また、多くの戸建て住宅の屋根にはブルーシートが張られていた。そ

2019年の台風15号直撃から1週間後の千葉県鋸南町の住宅街。
写真:朝日新聞社/時事通信フォト

の台風15号の被害で、私の心に一番突き刺さったのは、停電が長期間にわたって続いたことだ。コンビニは、電気がないために営業できなくなり、冷凍保存された肉や魚介類は、廃棄するしかなくなった。場所によっては1カ月以上にわたった停電の被害で、千葉県民は大変な苦労を味わった。すでに私たちの生活を根底から脅かすほど、地球環境の悪化は牙をむき始めているのだ。

大都市の停電は、もっと悲惨だ。東日本大震災の際に、仙台市中心部にはタワーマンションが建ち並んでいた。震災直後から、仙台市内は停電が続いた。当然、タワマンのエレベーターは動かない。そしてポンプが動かないから、水も出ない。やむを得ず、住民はバケツを下げて、階段を下り、水を汲みに出た。そして、両手にバケツを下げたまま、一階ずつ階段を昇って行ったのだ。しかし、大部分の人にとって、それは苦行以外の何物でもなかった。結局、数回同じようなチャレンジをしたあと、彼らは自宅マンションをあきらめ、親戚や同僚の家に転がり込んだのだ。

もちろん、大都市に電気を送るための原発は、事故の際、立地自治体に大きな被害を及ぼす。福島第一原子力発電所も、東京に電力を供給するための施設だった。

私は、どうしても原子力発電所が必要だと言うなら、東京湾を原発銀座にして、小型原発をどんどん新設すればよいと思う。電力の地産地消だ。そうすれば、送電コストの節約にもつながる。しかし、そうした動きはまったくない。原発のリスクを地方に付け回す。つまり地方を踏み台にして東京の暮らしは成り立っているのだ。老後を大都市で過ごすということは、死ぬまで地方を踏み台にし続けるということを意味するのだ。

×食料もカネで買えばよい

2024年8月、東京を中心に時ならぬコメ不足が起きているとのニュースを知って、私はスーパーマーケットのコメ売り場を訪ねた。正直言うと、わが家は佐賀県の実家でコメを作っていて、それを食べているので普段コメを買うことはまったくないのだが、それでもコメ売り場の前は買い物のときにいつも通っている。ところが、スーパーに出かけた私の目の前に広がる光景は衝撃的だった。棚からコメが完全に消えていたのだ。わずかに残されていたのは、レンジでチンするパック入りご飯だけだった。

もちろん状況は、「平成のコメ騒動」と呼ばれ、タイやアメリカからコメを緊急輸入した1993年から1994年のときとは、大きく異なっている。当時は国産のコメが全面的な不作でコメが足りなくなったのだが、2024年の場合は、前年の高温の影響で充分な品質を確保することができなくなったためで、コメの供給量自体は確保できていた。そのため、新米が出回るようになれば、コメ不足は解消すると見込ま

東京都練馬区のスーパー「アキダイ関町本店」のコメ売り場に掲示された、購入制限を知らせる張り紙。2024年7月25日撮影。写真:時事

れている。しかし、いつでも買えると思い込んできたコメの供給が、いかに不安定かということを2024年のコメ不足は露呈したのだ。

そもそも日本の食料自給率は38%しかない。そのため、有事の際には、一気に食料不足に直面する。4割の自給率があるのなら、餓死するほどではないという見方もあるのだが、それは間違っている。日本は、肥料も飼料も種も輸入に頼っており、それらの輸入が途絶した場合には、自給率は1割程度になるだろうとみる専門家もいる。まさに餓死に直面する水準だ。

なかでも深刻なのが、大都市の住民だ。大都市の農地は住宅地やオフィスへの転用

がすすんだおかげで、どんどん減少しており、食料の自給は、ほとんどできていない。だから有事の際に真っ先に飢えるのは、大都市住民になるのだ。

それは妄想ではない。太平洋戦争中や終戦直後は、日本全体が食料不足に陥った。そのとき食べるものがなくなった大都市住民は、大切な着物などをリュックサックに詰めて郊外や地方に出向き、農家を拝み倒して、わずかなコメやイモと交換して、飢餓をしのいだのだ。

そうしたなか、2023年5月11日の朝日新聞が、政府が「食料増産命令法」の整備を検討していると一面で伝えたのだ。戦争やパンデミックなど有事の際の食料不足に備えて、花卉《かき》農家にコメやイモを作るよう命令したり、限られた食料がまんべんなく消費者に行きわたるように価格統制や配給制を導入することを視野に入れているという。

ただ、花を作っている農家がコメやイモを作るような作物の転換は、短期間にはできないし、農家が政府の要請に素直にしたがって農作物を拠出するとも考えられない。農家は、まず自分たちのお腹を満たすことを優先するからだ。

食べ物をカネで買うことができなくなるリスクは、高まっているのだ。

×東京は安全で安心な街

もう50年以上前の話になるが、私は東京都新宿区の高田馬場近くの集合住宅に住んでいた。学校にいるときに集中豪雨があって、神田川が溢れた。私は、腰まで水につかりながら、息も絶え絶えに家に戻った。それ以来、東京都は抜本的な治水対策に乗り出した。例えば、埼玉県春日部市にある首都圏外郭放水路だ。荒川が増水し、氾濫のリスクが高まると、「地下神殿」とも呼ばれるこの大規模な地下空間に水が取り込まれる。２０１９年の台風19号のときには、東京ドーム９杯分、１２００万立方メートルの水が貯められた。そして、もう一つ荒川の氾濫を防ぐための施設が、さいたま市の荒川彩湖公園だ。台風19号の際にはこの公園が調整池の役割を果たして、東京ドーム31杯分、３９００万立方メートルの水が貯められた。この二つの施設の存在によって、荒川の氾濫リスクは大きく減少した。しかし、そうした対策をしても、２０１９年の台風19号の際に荒川は氾濫寸前まで増水したのだ。

東京都は、「東京都豪雨対策基本方針」で、23区では、時間雨量75ミリに耐えられ

首都圏外郭放水路を見学するツアー参加者。埼玉県春日部市にて[国土交通省江戸川河川国道事務所提供]。写真=時事

るように、治水対策を講じることにしている。

だが、2020年7月の豪雨では、鹿児島県鹿屋市で時間雨量が110ミリを記録している。最近でも2024年8月7日の夕方に埼玉県を襲った豪雨では、時間雨量が、ときがわ町付近で120ミリ（午後6時40分）、鶴ヶ島市付近、鳩山町付近、東松山市付近、越生町付近、嵐山町付近、川越市付近、小川町付近で、午後6時台にいずれも約100ミリの時間雨量を記録している。もし同じことが埼玉県東部で発生していたら、荒川が氾濫した可能性は高いのだ。

線状降水帯は、いつどこで発生するか分からない。つまり、荒川はいつ氾濫しても不思議ではないのだ。もし、荒川の堤防が決壊すれば、東京23区の3分の1が水没することになる。東京が壊れてしまうのだ。

東京が壊れる可能性は、もう一つある。それが首都直下地震だ。中央防災会議の被害想定によると、冬の夕方、風が強いという最悪のケースでは、道路が狭く、木造家屋が密集する地域を中心に全壊または焼失する建物は61万棟にのぼり、死者はおよそ2万3000人に達する。首都直下地震が起きる可能性を政府は、「今後30年以内に7割の確率」としているが、「今後30年以内に7割」という確率は、30年後という話ではなく、明日起きても不思議ではないことなのだ。

2024年8月8日に日向灘を震源とする巨大地震が発生した。それを受けて気象庁は専門家による検討を急ぎ行い、「南海トラフ地震の想定震源域では、大規模地震の発生可能性が平常時に比べて相対的に高まっていると考えられる」とのコメントを発表した。

大地震は連鎖する。東北で大地震が起き、関西で大地震が起きて、北海道が続いた。

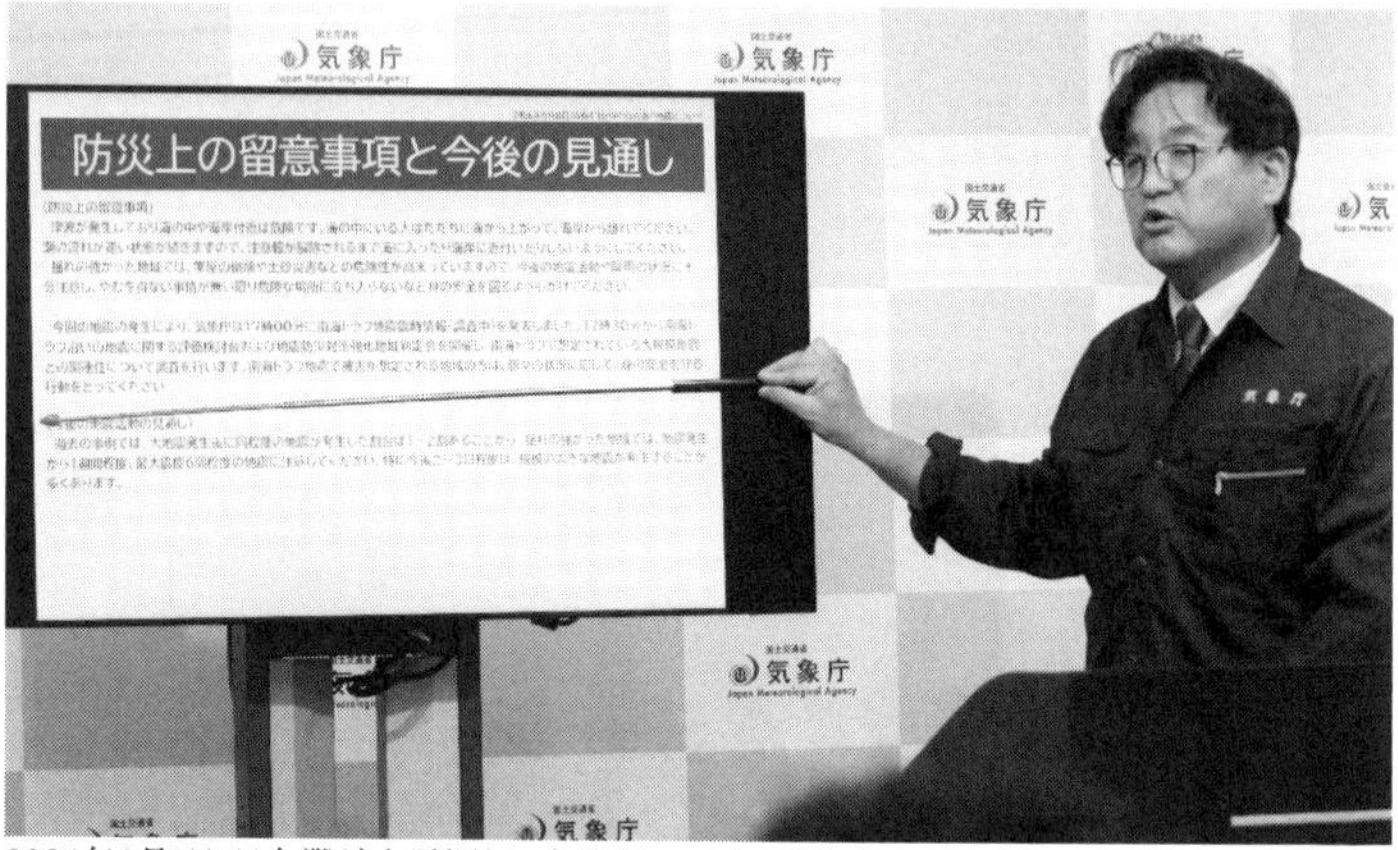

2024年8月8日、日向灘沖を震源とし宮崎県で震度6弱を観測した地震について、記者会見をする気象庁の青木重樹地震津波対策企画官。写真:時事

そして今回の九州南部の大地震だ。東京湾沖のプレートの歪みは、すでに最高潮に達しているとみるほうが自然だろう。

さらに、もう一つ東京が抱えるリスクは、感染症の巣窟となることだ。世界との人的交流が盛んで、人口密度の高い東京は、感染症拡大の震源になりやすい。現に、新型コロナウイルス感染症拡大の際も、震源地の大部分は東京だった。残りは大阪が起点となっていたが、いずれにしても、大都市が感染症の最大の拠点になることは間違いない。だから、新型コロナよりも、もっと凶暴なウイルスが現れ、パンデミックにつながったとき、まず命を落とすのは、大都市住民、特に東京都民になるのだ。

地震にしろ、台風にしろ、感染症にしろ、これまでの東京は破滅的な被害を出していない。**しかし、それはたまたま運が良かっただけで、これからもその幸運が続いていく保証は、どこにも存在しないのだ、**

✕ 働き続けて健康と生きがいの一石二鳥

厚生労働省は、５年ごとに公的年金制度の「財政検証」を行い、年金の将来見通しを明らかにしている。２０２４年の財政検証の結果が７月３日に発表された。

これまで、少子高齢化が進むなかで、年金財政の破綻を防ぐために政府が採ってきたのが高齢就業シナリオだった。働き続ける期間を延ばせば、年金保険料を負担する人口が増える一方で、年金受給者は減るから、年金財政の改善効果は大きいのだ。

実際、19年に行われた財政検証で「経済成長と労働参加が進むケース」と名付けた標準ケースをみると、２０４０年の労働力率は、男性の65～69歳が71・６％、70～74歳が49・１％、女性の65～69歳は54・１％、70～74歳が32・６％となっていた。つまり、男性の４人に３人が70歳まで働き、ほぼ半数が75歳まで働く。女性の過半数が70歳まで働き、３人に１人が75歳まで働く。そうした条件が満たされて初めて、日本の公的年金制度を維持することができるというのだ。

図表7　平均寿命と健康寿命の推移

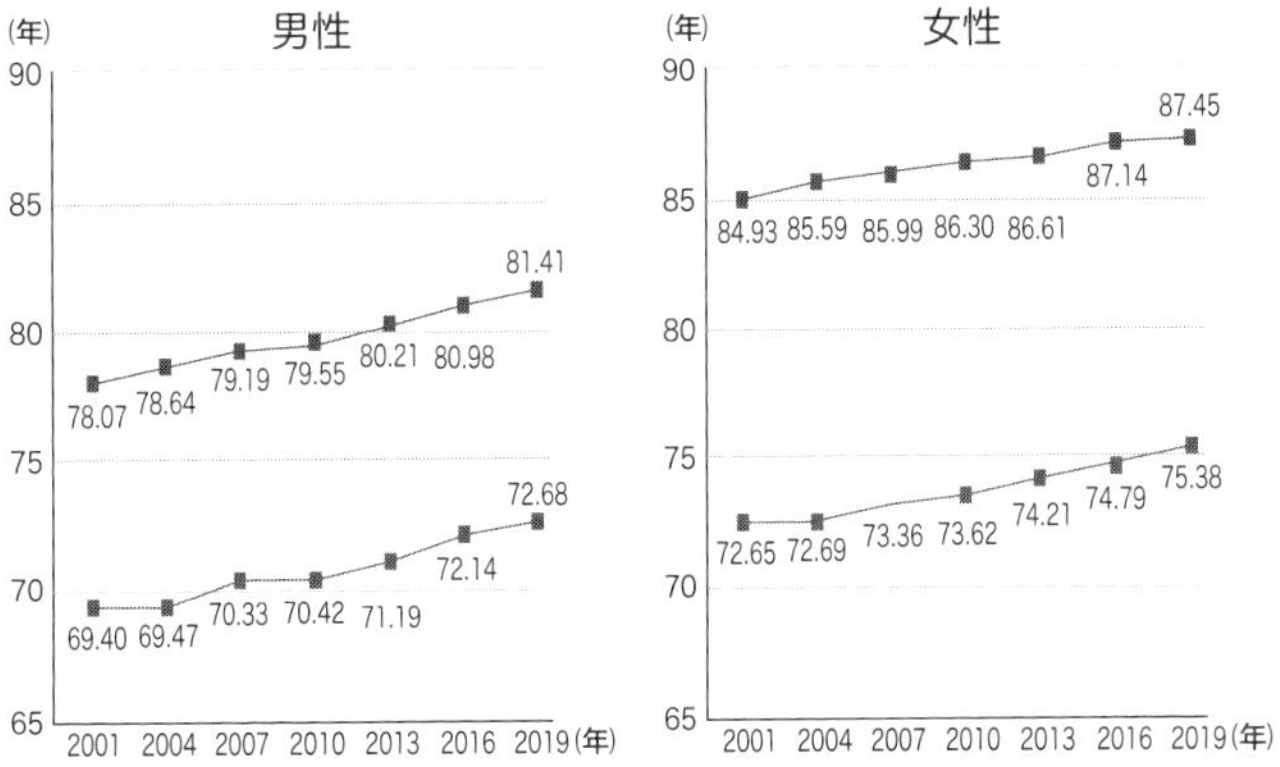

上が平均寿命、下が健康寿命。「厚生労働省e-ヘルスネット」より作成。

70歳まで働き続けるというのは、厳しいけれど不可能ではない。問題は、男性の半数、女性の3分の1が75歳まで働くという前提だ。例えば、健康寿命でみると、男性の健康寿命は72歳、女性は75歳なので、75歳まで働き続けることは、かなり難しいのだ。

それでは今回の財政検証で、労働力率の想定はどうなったのか。**不思議なことに今回の財政検証の資料には、これまでずっと公表されてきた年齢別労働力供給の想定が記載されていない。**しかし、元ネタとなっているのは、労働政策研究研修機構の労働力需給推計なので、その「成長実現・労働

図表8　2040年の労働力率

（%）

		2019年検証	2024年検証	増減
男性	65～69歳	71.6	81.0	9.4
	70～74歳	49.1	63.0	13.9
女性	65～69歳	54.1	64.0	9.9
	70～74歳	32.6	40.0	7.4

参加進展シナリオ」と名付けられた標準ケースをみると、２０４０年の労働力率は、男性の65～69歳が81％（前回比＋9・4％ポイント）、70～74歳は63％（前回比＋13・9％ポイント）、女性の65～69歳は64％（前回比＋9・9％ポイント）、70～74歳は40％（前回比＋7・4％ポイント）と、いずれも大幅な増加になっている。ちなみに、労働政策研究研修機構の数字は、グラフから読み取っているので、わずかな誤差はあるかもしれない。

ただ、男性の3人に2人が75歳まで働き、女性の4割が75歳まで働く超高齢就業ビジョンが描かれていることは間違いない。要は、介護施設から毎日出勤しなさいという

厚生労働省の幹部等が集い、財政検証結果の概要について話し合う第16回社会保障審議会年金部会の様子。2024年7月3日撮影。写真:時事

話だ。そんなことが可能だとは、誰も思わないだろう。つまり、高齢就業シナリオは、完全に行き詰まったということなのだ。

2024年の財政検証では、その他にも数多くの非現実的な想定がなされている。例えば、標準ケースの積立金の利回りは、物価上昇率を差し引いた実質で3・2%、実質経済成長率は1・8%、物価上昇率を差し引いた実質賃金上昇率は1・5%といった具合だ。

厚生年金の場合、現役世代の手取り収入の50%以上の年金を給付するという政府が掲げ続けてきた目標は、もはや達成できない。ただ、一つだけ年金財政を好転させる

可能性があるのは、平均寿命が今後50年間で4・3歳伸びると想定されている点だ。現実の平均寿命は、2022年まで2年連続で短命化しており、2023年はほぼ横ばいの微増だった。一方、人口動態統計でみた2023年の死亡率は、30代までのすべての年齢階級で前年を上回っている。若者が死ぬことで、将来の高齢者が減り、年金が救われるという恐ろしい未来がやってくるのかもしれない。

そもそも、「働き続けることが、老後の生きがいにつながる」という前提も、きわめて疑わしい。もちろん、大好きな仕事を続けることができるのであれば、その通りなのだが、現実に大都市の高齢者に用意される仕事は、ビルメンテナンス、マンションの管理人、警備員、介護、倉庫や工場などでの軽作業が多数を占める。もちろん、そうした仕事が好きで生きがいを感じているのならよいのだが、実際に何のために働いているのかを聞くと、圧倒的にカネを稼ぐためなのだ。

一方、私の同級生のなかには、60歳の定年を機に会社をやめて、悠々自適の隠居生活を始めた人たちが、少数派ではあるものの、一定数いる。

彼らと話をしていると、幸せが伝わってくる。まだ、体力があって自由に動けるから、サラリーマン時代にできなかったさまざまな趣味に没頭することができるからだ。

私が知る限り彼らには共通点がある。それは、大都市での生活を捨てて、生活の基礎的支出を抑えていることだ。

✕ 都落ちなんてできない

私が埼玉県に住むようになってほぼ40年が経った。だから感じることは、老後も東京で暮らすことにこだわる人の多くが、「いまさら都落ちなんてできない」という心情だ。彼らは、埼玉で暮らしたことがないのだが、本当に埼玉の暮らしが嫌だというよりも、そもそも心の底で、埼玉をバカにしている。『翔んで埼玉』という映画は、口にすることこそないが、多くの人がそっと抱えている埼玉蔑視の気持ちをベースに作られているのだ。

なぜ、東京暮らしにこだわるのかと言えば、それが「勝ち組」の象徴だからだ。資本主義は、カネを奪い合うゲームだから、収入や資産の大きい人が世間から高い評価を得る。もちろん私はそんなことは微塵も思わないのだが、一般的にはそうなっている。だから、タワーマンションは、階数が大きいほど、価格が高くなる。そのほうが眺望がよいという要因はもちろんあるのだが、本質的な理由は、高層階ほどステータスが高まるからだ。だから勝ち組の象徴である最上階のペントハウスは、とてつもなく高い価格がついている。そこから、下界をうごめく人々を見下ろすことで、虚栄心が満たされるのだ。

もちろん、そんなことをしたい人は、そうすればよいと思う。自分で稼いだカネを何に使おうと、それはその人の自由だ。問題は、老後に収入が激減しているにもかかわらず、東京という勝ち組の街に住み続けることにこだわることだ。身の丈に合わない暮らしをすれば、当然、どこかに無理がかかる。その無理が、本来、人生で最も自由で、最も豊かな暮らしが可能になる老後生活を破壊し、詐欺師たちの格好のターゲットになってしまう原因を作るのだ。

そこで、次の第三章では、豊かな老後を過ごすためのマネー戦略を、さらに第四章では、そこで求められるライフスタイルについて述べていこうと思う。

第3章

豊かな老後を築くマネー戦略

高齢化が進むなかで、公的年金の給付水準が下がっていくことは、子供でも分かる。日本の公的年金制度は、一部積立金を持ってはいるものの、基本的には、ある年に現役世代が収めた年金保険料を、その年の高齢者で山分けする「賦課方式」で運営されているからだ。今後、保険料を支払う現役世代の数が減る一方で、給付を受ける高齢世代の数が増えていくことは、間違いない。だから、年金給付が減ることを前提に老後の生活設計をしないといけない。そのとき私は、大胆な発想の転換が必要になると考えている。ポイントは、以下の6点だ。

① 収入増ではなく、生活コスト減
② 投資から手を引く
③ 嫌な仕事をしない
④ 太陽光パネルで電気代をタダにする
⑤ 食料はできる限り自分で作る
⑥ 最終目標は住民税非課税世帯

○収入増ではなく、生活コスト減

いま多くの国民は、公的年金だけでは不足する老後の生活費を投資収益や働き続けることとの収入で埋め合わせようと考えている。

しかし、その考えは捨てたほうがよい。投資はギャンブルだから、老後生活を大きなリスクにさらすことになるし、収入を増やせば増やすほど、老後の税・社会保険料の負担が上昇し、医療や介護のサービスを受ける際の自己負担も上がっていくからだ。増えた負担をまかなうためには、さらに投資や労働を増やさないといけないが、それは高齢期の自由や生きがいをどんどん奪っていく。

収入を増やすことが、どれだけ大きな負担になるのか、以下ではまず、東京都世田谷区の事例を中心に、収入（所得）と負担の関係をみていこう。

まずは、後期高齢者（75歳以上）が負担する医療保険料だ。世田谷区の2024年度の年間保険料は下記の式で計算される。

保険料額＝均等割額４万７３００円＋所得金額×８・78％または９・67％

保険料率は、所得金額が58万円以下の人が8・78％で、それを超える人は9・67％となる。所得というのは、収入ではなく、収入からさまざまな控除を差し引いた後の金額だ。

また、保険料に関しては、所得に応じて、次のような軽減措置がある（P89）。

医療保険料を決めるだけで、なかなか複雑な仕組みになっているのだが、要は所得が増えると保険料率が上がるだけでなく、軽減措置も減るので、ダブルパンチで医療保険料負担が増えるということだ。

一方、医療機関を受診したときの自己負担の割合は、全国共通で、次のようになっている（P90）。

要は、所得が増えると、窓口負担は3倍に上がるということだ。現役並みの所得がある人は、高い保険料率を負担しているのにもかかわらず、窓口負担の割合が高くなるのだ。

世田谷区における後期高齢者医療制度保険料の減額措置（令和6年度）

【均等割額の軽減】

世帯主と被保険者全員の所得合計（年額）が

① 43万円＋（公的年金または給与所得者の合計数－1）×10万円以下の場合
→7割軽減

② 43万円＋（公的年金または給与所得者の合計数－1）×10万円＋29.5万円×（被保険者数）以下の場合
→5割削減

③ 43万円＋（公的年金または給与所得者の合計数－1）×10万円＋54.5万円×（被保険者数）以下の場合
→2割軽減

※65歳以上（令和5年1月1日時点）の方の公的年金所得は、その所得からさらに15万円を差し引いた額で判定。

【所得割額の軽減】

④ 所得金額が15万円以下→50%軽減

⑤ 所得金額が20万円以下→25%軽減

世田谷区ホームページより作成。

図表9　後期高齢者慰留精度の窓口負担割合（令和4年10月1日以降）

判定基準	区分	窓口負担割合
同じ世帯の被保険者の中に課税所得が145万円以上の方がいる場合※1	現役並み所得者	3割
以下の①・②の両方に該当する場合 ①同じ世帯の被保険者の中に課税所得が28万円以上145万円未満の方がいる ②同じ世帯の被保険者の「年金収入」＋「その他の合計所得金額」の合計額が以下に該当する※2。 ・1人の場合は200万円以上 ・2人以上の場合は合計320万円以上	一定以上の所得のある方（中所得者）	2割
上記に該当しない場合	一般所得者	1割

※1　一定の基準･要件を満たす場合、窓口負担割合が1割または2割になるケースがある。
※2　「年金収入」とは、公的年金控除等を差し引く前の金額で、遺族年金や障害年金は含まない。「その他の合計所得金額」は、事業収入や給与収入等から必要経費や給与所得控除等を差し引いた後の金額。
政府広報より作成。

　また、高齢層にとって窓口負担よりも重要な役割を果たすのが、高額療養費制度だ。高額療養費制度というのは、1カ月の医療費負担が限度額を超えた場合に、超過分が払い戻される制度だ。つまり、1カ月の医療費負担に上限を課しているのだが、その負担上限も所得によって大きく異なっている。東京都世田谷区を含む東京都後期高齢者医療広域連合制度でみていこう（P92）。

　次に介護保険料についてみると、65歳以上の場合の年間保険料は、所得に応じて、最も低い第1段階の2万1478円から、最も高い18段階の36万9264円まで分かれている。保険料の格差は、実に17倍もあるのだ（P94〜95）。

　一方、介護保険サービスを受けた場合の自己負担割合（65歳以上の場合）は、全国共通で、以下のとおりとなっている。

3割負担……本人の合計所得金額が220万円以上で、年金収入とその他の合計所得
　金額が340万円以上ある単身者および、年金収入とその他の合計金額

図表10　毎月の医療費自己負担限度額

自己負担割合	所得区分	外来(個人ごと)の自己負担限度額	外来＋入院（世帯ごと）の限度額
3割	現役並み3 （課税所得690万円以上）	252,600円 ＋（総医療費 －842,000円） ×1%	同左
	現役並み2 （課税所得380万円以上690万円未満）	167,400円 ＋（総医療費 －558,000円） ×1%	同左
	現役並み1 （課税所得145万円以上380万円未満）	80,100円 ＋（総医療費 －267,000円） ×1%	同左
2割	一般Ⅱ	6,000円＋(総医療費－30,000円）×10% または 18,000円の いずれか低い方	57,600円
1割	一般Ⅰ	18,000円	57,600円
	区分Ⅱ (世帯全員が住民税非課税であり、区分Ⅰに該当しない方)	8,000円	24,600円
	区分Ⅰ （住民税非課税世帯であり、世帯全員の所得が0円の方＜公的年金収入は80万円を控除、給与収入は給与所得控除後さらに10万円を控除し計算＞。または住民税非課税世帯であり、老齢福祉年金を受給している方）	8,000円	15,000円

※上記のほか診療月を含めた直近12カ月間に、高額療養費の支給が3回あった場合、4回目以降から限度額が制度がある。

※人工透析が必要な慢性腎不全などで特定疾病療養受療証を提示する場合、限度額が1つの医療機関につき月額1万円までとなる。

東京都後期高齢者医療広域連合資料より作成。

が463万円以上になる2人以上世帯。

2割負担……①本人の合計所得金額が220万円以上で、年金収入とその他の合計所得金額が240万円以上340万円未満の単身者および、年金収入とその他の所得金額が346万円以上463万円未満の2人以上世帯。②本人の合計所得が160万円以上220万円未満で、年金収入とその他の合計所得金額が280万円以上の単身者および、年金収入とその他の合計所得金額が346万円以上の2人以上世帯。

1割負担……上記以外

ちなみに、ここまで述べてきた所得を判断する際の「合計所得」には投資収益も含まれる。**つまり、老後に働いたり、投資で稼ぐと、社会保障負担がどんどん増えていく構造になっているのだ。**

さらに税金も所得税は、所得に応じて、5%から45%の累進課税になっていて、10%定率の地方税も加えて、所得が増えるほど急速に重くなる構造になっている。こうした仕組みを知ったうえで、それでも年金の不足を労働や投資収益で穴埋めするとい

図表 11　世田谷区の年間介護保険料額

保険料段階	対象となる方	年間保険料額
第 1 段階 (基準額× 0.285)	・生活保護または中国残留邦人等生活支援給付を受けている方 ・老齢福祉年金を受けている方で本人および世帯全員が住民税非課税の方 ・本人および世帯全員が住民税非課税で、本人の公的年金等収入金額と合計所得金額（公的年金等に係る雑所得金額を除く）の合計が 80 万円以下の方	21,478 円
第 2 段階 (基準額× 0.485)	本人および世帯全員が住民税非課税で、本人の公的年金等収入金額と合計所得金額（公的年金等に係る雑所得金額を除く）の合計が 80 万円を超え 120 万円以下の方	36,550 円
第 3 段階 (基準額× 0.65)	本人および世帯全員が住民税非課税で、本人の公的年金等収入金額と合計所得金額（公的年金等に係る雑所得金額を除く）の合計が 120 万円を超える方	48,984 円
第 4 段階 (基準額× 0.85)	本人が住民税非課税で、本人の公的年金等収入金額と合計所得金額（公的年金等に係る雑所得金額を除く）の合計が 80 万円以下で同一世帯に住民税課税者がいる方	64,056 円
第 5 段階 (基準額)	本人が住民税非課税で、本人の公的年金等収入金額と合計所得金額（公的年金等に係る雑所得金額を除く）の合計が 80 万円を超え同一世帯に住民税課税者がいる方	75,360 円
第 6 段階 (基準額× 1.15)	本人が住民税課税で、合計所得金額が 120 万円未満の方	86,664 円
第 7 段階 (基準額× 1.25)	本人が住民税課税で、合計所得金額が 120 万円以上 210 万円未満の方	94,200 円
第 8 段階 (基準額× 1.4)	本人が住民税課税で、合計所得金額が 210 万円以上 320 万円未満の方	105,504 円
第 9 段階 (基準額× 1.6)	本人が住民税課税で、合計所得金額が 320 万円以上 420 万円未満の方	120,576 円
第 10 段階 (基準額× 1.9)	本人が住民税課税で、合計所得金額が 420 万円以上 520 万円未満の方	143,184 円

第 11 段階 (基準額× 2.1)	本人が住民税課税で、合計所得金額が 520 万円以上 620 万円未満の方	158,256 円
第 12 段階 (基準額× 2.3)	本人が住民税課税で、合計所得金額が 620 万円以上 720 万円未満の方	173,328 円
第 13 段階 (基準額× 2.5)	本人が住民税課税で、合計所得金額が 720 万円以上 1,000 万円未満の方	188,400 円
第 14 段階 (基準額× 2.9)	本人が住民税課税で、合計所得金額が 1,000 万円以上 1,500 万円未満の方	218,544 円
第 15 段階 (基準額× 3.4)	本人が住民税課税で、合計所得金額が 1,500 万円以上 2,500 万円未満の方	256,224 円
第 16 段階 (基準額× 3.9)	本人が住民税課税で、合計所得金額が 2,500 万円以上 3,500 万円未満の方	293,904 円
第 17 段階 (基準額× 4.4)	本人が住民税課税で、合計所得金額が 3,500 万円以上 5,000 万円未満の方	331,584 円
第 18 段階 (基準額× 4.9)	本人が住民税課税で、合計所得金額が 5,000 万円以上の方	369,264 円

う戦略を採ろうとすること自体が、私には逆に信じられない。

それではどうすればよいのか。私の答えは、公的年金の支給額が減るのなら、発想を転換し、年金減に合わせて「生活コストを下げる」ことがベストの対策になるということだ。節約には課税されないし、社会保険料も取られない。つまり、節約した分は、丸々自分のものになるのだ。

それでは、どうしたらよいのか。私は、老後は見栄を捨てて、わが家のようなトカイナカに住むことを基本に据えるべきだと考えている。わが家は、埼玉県所沢市の西の端、入間市に近いところにある。しかも駅から少し離れているので、東京都心までは、ドア・トゥー・ドアで、90分から120分くらいの所要時間となっている。

大雑把な話をすると、いま東京都心部の住宅地の地価は、坪当たり500万円、わが家は坪当たり50万円、そしてわが家からさらに30分ほど北西に行った場所にある「ときがわ町」は、坪当たり5万円だ。ときがわ町くらいまでの距離感であれば、都心に用事ができたときも、気軽に、しかもさほど高くない電車賃で出かけることができる。しかもトカイナカは住宅費用だけでなく、物価自体も都心と比べて3割ほど安いから、自動的に生活コストは下がっていく。

もちろん本格的な田舎に移住すれば、住宅費用はもっと安くなる。最近では、家と畑と山までついて、総額100万円といった住宅があちこちで手に入るようになっている。ただ、田舎の人間関係は、とても濃いので、その環境に耐えられるかどうかがポイントになる。私は、田舎に移住した知人の家に何度か泊めてもらったが、自宅に近所の人が勝手に上がり込んできたり、罠にかかったイノシシを住民が集まって、力を合わせて解体するというライフスタイルにどうしても馴染めなかった。その点、トカイナカの人間関係の距離感は、ちょうどよいので、都会暮らしを続けてきた人でも、簡単に馴染むことができるのだ。

トカイナカに拠点を移して、生活コストを大幅に下げれば、大都市での暮らしを継続するために必要だった「死ぬまでカネを稼ぎ続けなければならない」というプレッシャーから解放される。**そして、それは老後に抱えがちな2つの苦行からの解放も可能にするのだ。**投資と嫌な仕事だ。

○投資から手を引く

第一章で検討したように、現在、国が音頭をとって進めている「貯蓄から投資へ」という政策は、「真面目に働き、老後に備えて貯蓄をする」という誠実な日本人を「老後資金をギャンブルにつぎ込んで一攫千金を狙う」というギャンブル依存症の病人に変えようとしている。

これまで株式投資で資金を増やすことが可能だったのは、戦後ずっとバブルが継続してきたからだ。**しかし、そのバブルは人類史上最大の規模に拡大している**。バブルがいつはじけるのかを正確に予想することはできないが、バブルは必ず崩壊する。最近の世界の株価が大きく乱高下するようになったことは、バブル崩壊の前兆だ。ただ、「バブルがはじけたとしても、その後再び株価は右肩上がりになっていくのだから、動揺せずに長期・分散・積立の投資を続けていけばよい」という意見が主流になっている。

しかし、私は今回のバブル崩壊のあと、株価が戻ることはないと考えている。バブルは資本主義とセットであり、資本主義が終われば、バブルも終わるからだ。マルクスが予言した資本主義の行き詰まりの原因である①許容できないほどの格差、②地球環境の破壊、③止まらない少子化、④ブルシットジョブの蔓延という問題は、まったく解決の糸口が見つかっていない。ブレーキが効かない以上、資本主義がクラッシュすると考えるしかないのだ。

ただ、百歩譲って、再び右肩上がりの株価が戻るとしても、それまでには相当な時間を要する。例えば１９８９年末から始まった日本のバブル崩壊も、底値を迎えたのは２００８年10月だ。つまり、18年10カ月間も株価は下がり続けたことになる。すぐに生活資金が必要な高齢者にとって、そんなに長い期間、減り続ける老後資金を見つめている余裕などないのだ。

それでは、老後資金をどのように運用すればよいのか。私は、若い人はｉＤｅＣｏを活用すべきだと思う。老後資金形成のために政府が用意している制度は、ＮＩＳＡの他に、ｉＤｅＣｏ（イデコ：個人型確定拠出年金）がある。ｉＤｅＣｏも運用益や売却益が非課税となるのはＮＩＳＡと同じだ。また、ＮＩＳＡと異なり、ｉＤｅＣｏ

は掛け金が税制上、所得控除される。

例えば、年収がおよそ670万円を超えると、地方税を含めた限界税率が30%となるが、その人は、3割引きで投資商品が買えることを意味する。さらにｉＤｅＣｏは、預金のような元本保証の商品にも投資できる。ＮＩＳＡは、預金や国債での運用は許されていない。だから、少なくとも現時点では、ＮＩＳＡよりｉＤｅＣｏのほうが、ずっと安全確実で有利なことは、明らかなのだ。だが、なぜかメディアでは新ＮＩＳＡばかりが注目され、金融機関もＮＩＳＡばかりを勧めてくる。その結果、ｉＤｅＣｏの加入者は337万人で、ＮＩＳＡの7分の1にとどまっている。それは、一体何故なのだろうか。


ｉＤｅＣｏは途中解約ができないため、急にお金が必要になっても対応できないことが問題だという説もある。しかし、老後資金の形成を考えるなら、それはデメリットというよりメリットだ。ちょくちょく引き出していたら、いつまで経ってもお金は貯まらない。

また、ｉＤｅＣｏは受け取るときに課税されるから、いくら掛け金がまるまる所得

2017年1月1日から、加入者範囲が大幅に拡大された「個人型確定拠出年金」。それに先立つ2016年9月、愛称「iDeCo（イデコ）」をお披露目する元プロテニスプレーヤーの杉山愛さん（右）と橋本岳厚生労働副大臣（当時）。写真:時事

控除されて税額が減っても、それは課税の先送りに過ぎず、減税にはなっていないという批判もある。ただiDeCoの受け取りは、退職金方式あるいは年金方式になっている。退職金には、課税上とてつもない優遇措置が講じられているから税額はたいしたことがないし、年金方式で受け取っても、高齢期の所得は現役世代のときより大幅に下がっているのだから、やはり税負担は大きくならないのだ。

私は、NISAを金融機関やメディアが推奨する本質的な理由は、そのほうが、金融機関が儲かるか

らだと考えている。例えば、イデコで預金による運用をされても、金融機関に儲けはほとんど発生しない。一方、新ＮＩＳＡで投資信託を買ってもらえば、毎月信託報酬が入ってくる。いまの新ＮＩＳＡのブームは、国民の老後資産形成ではなく、金融機関の利益形成を目的としたものなのだろう。

その構造に気づいている国民は、一定程度いる。国民年金基金連合会の「ｉＤｅＣｏ（個人型確定拠出年金）の制度の概況」（23年3月末）によると、イデコで一部または全部を預貯金で運用している人は、全体の30・9％いるのだ。しかし、メディアはそのこと自体もほとんど知らせず、彼らの大口スポンサーである金融村のために、新ＮＩＳＡの普及キャンペーンに邁進しているのだ。

一方、高齢者や高齢期が間近な中高年はどうすればよいのか。私は、預貯金を続けるしか方法がないと思う。**ただそうした話をすると、インフレで資産が目減りしてしまうではないかという批判が寄せられる。**

そうした状況で、インフレから資産を守るための選択肢になりうるのが、物価連動国債だ。物価連動国債は、10年満期の国債だが、普通の国債と異なり、消費者物価に連動して、元本が増えていく。例えば、100万円の物価連動国債を購入し、その後10年間で20％物価が上昇したとすると、10年後に元本が120万円で、償還されるのだ。つまり、どんなにインフレになっても、元本の実質価値が保たれるのだ。もちろん、別途、金利も付く。この物価連動国債は以前から発行されていたのだが、個人で保有することはできなかった。しかし、2015年から個人保有が解禁されたのだ。

そう書くと良いことずくめのように思われるかもしれないが、世の中そう甘くはない。実は、この物価連動国債は、入札で価格が決まる。みなが欲しがる商品だから、高値が付く。例えば2013年の入札実績では、額面100万円の物価連動国債に108万円の値段が付いた。これだと、10年間の累積で物価が8％上がって初めて普通の国債と条件が一緒になる。10年間で8％、つまり年平均0・8％以下の物価上昇率だと、かえって損をしてしまうのだ。

また財務省は物価連動国債の発行を極端に絞っていて、しかもその少ない発行額を金融機関が片端から買ってしまうので、現実問題として、一般国民が直接物価連動国債を購入することは、きわめて困難になっている。国民が唯一物価連動国債に投資できる選択肢は、物価連動国債を組み込んだ投資信託を買うことだ。例えば、「ＭＨＡ

M物価連動国債ファンド」を買えばよいのだ。もちろん、その場合は手数料を取られる。大雑把に言うと、この投資ファンドの場合、購入時に1%、解約時に0・1%の手数料が必要となるほか、毎年0・5%の信託報酬を取られてしまう。

ただ、私はそこまでしてインフレヘッジが必要だとは思っていない。バブルがはじけた後には必ずデフレがやってくる。物価が継続的に下がっていくのだから、元本保証の預貯金の価値は、確実に上昇していくからだ。

○嫌な仕事をしない

楽しい仕事ほどカネにならない。逆に言うとカネを稼ごうと思ったら、つらい仕事、あるいはつまらない仕事に耐えないといけない。それは世のなかの常識だ。

私自身の話をして恐縮だが10年前まで、私はシンクタンクに勤めていた。**シンクタンク研究員というと、知的な仕事に聞こえるかもしれないが、現実には官僚からの発注に対応する下請け作業だ。**官僚が描く未来のビジョンを裏付ける数字を経済モデルから叩き出す。私はその技術では、日本で五指に入る技術を持っていた。というより日本でそんな仕事をする人は、5人くらいしかいなかった。官僚が押し付けてくる無理難題で何度煮え湯を飲まされたか分からないが、私の仕事は寡占状態だったからカネは稼げた。私の年収は、社長の年収を超えていた。

ただ、私はもっとクリエイティブな仕事をしたかったが、ずっと我慢した。子育ての費用が必要だったからだ。ただ、2004年に長男が成人を迎えるのを機に、私はシンクタンクの通常業務から事実上引退した。成人まで育てたら、義務は果たせたと考えたからだ。私は仕事の中心を大学に移し、それと同時にさまざまな楽しい仕事にチャレンジすることを始めた。当然、収入は大きく減少したが、私の第一の楽しい老後生活が始まったのだ。

長年の課題だった私の60年間、12万点のコレクションを展示する「B宝館」をオープンさせ、笑福亭鶴光師匠の弟子、笑福亭呂光として世界唯一の乳頭なぞかけを披露した（どんなお題が出ても、乳頭で解くという私だけがやっているなぞかけ）。童話作家として、寓話を書き始め、歌手としてイベントで歌い始めた。短歌や俳句作りも始め、農業も群馬県でプロの農家についてスタートさせた。俳優として、ドラマや映画にも出演した。例えば、日曜劇場の「流星ワゴン」では、一番よい場面で、香川照之さんとサシで演技をしている。小説も書くようになった。もちろんテレビやラジオの出演も大幅に増やした。特にラジオは、ニッポン放送、文化放送、TBSラジオのほか、RCC中国放送、SBC信越放送に加えて、局が独自に購入する番組販売の「森永卓郎ジャーナル」という6本のレギュラー番組をいまだに継続していて、おそらく日本で一番多くの局にレギュラーを持っているのは私だ。

ただ、それでも私はある程度の「我慢」をしていた。あまりに本音を言い過ぎると、干されてしまうことが分かっていたからだ。それでも２０２２年から、私はさらにタガを緩めることにした。65歳を迎えて、年金が出ることになって、すべての仕事を干されても、生活に問題がないことが分かったからだ。私が老後生活第二ステージに移った結果、楽しいことがたくさんやってきた。例えば、ニッポン放送で出演している「垣花正　あなたとハッピー！」という番組の15周年記念イベントで、垣花アナウンサーと私で組んだ「ホワイトバタフライズ」というユニットの歌と踊りを披露することができた。ちなみに、ホワイトバタフライズの名付け親は東京スカパラダイスオーケストラの谷中敦さんで、モンシロチョウは、ずっと低空飛行を続けて、決して空高く舞い上がることはないことが命名の理由だった。その高く飛べない蝶が２０２３年6月24日に東京国際フォーラムで歌って、踊れたのだ。観衆は４０００人。とてつもなく気持ちがよかった。その他、テレビや講演会などで、自分で言うのもおこがましいが、私は八面六臂の活躍をしていた。

ただ、２０２３年の年末に私は末期がんの宣告を受けた。そこで私は、完全にタガをはずした。もう何を失ってもよいから、本当のことを伝えて死のうと考えたのだ。病床で完成させた『書いてはいけない』（三五館シンシャ）という書籍は、26万部を超えるベストセラーになった。そのおかげで、20年間達成できなかった童話作家の仕事も順調に進んで、もうすぐ67歳にして童話作家デビューが待ち受けている。

世間は私のことを「経済アナリスト」としてしか認識していない。ただ、それは私が経済アナリストを中心に仕事をしているからではない。いろいろやっている仕事のなかで、唯一稼げているのが、経済アナリストの仕事だということだけだ。私のなかでは、歌手も、童話作家も、博物館運営も、落語家も同じ重要度を持っている。ただ単にカネを稼げていないだけの話なのだ。

私は、子育て等の呪縛から解き放たれ、公的年金で基礎的な消費がまかなえるようになった高齢期こそ、カネのことを考えずに、好きな仕事に邁進すべきだと思う。**大都市での暮らしにこだわるばかりに、やりたくもない、カネを稼ぐためだけの仕事を続けることは、人生の無駄遣いだと思うのだ。**

ただ、今後の公的年金の給付水準が大きく下がるために、私は生活拠点をトカイナカに移すだけでは不十分で、あと2つの生活革命が不可欠だと考えている。それは、電気と食料を自分で作ることだ。

◯太陽光パネルで電気代をタダにする

日本の住宅の6割は持ち家で、そのうち戸建てが2701万戸、マンションが571万戸だから、持ち家のなかで戸建ては83%を占める。住宅ストック全体からみても、50%が持ち家の戸建てだから、日本の半分の家庭は、屋根に太陽光発電システムを設置することができる。大都市のマンションで暮らしている人は、一軒当たりの屋根の面積が小さいから、太陽光発電システムの導入はなかなかむずかしいが、トカイナカの一戸建てなら、容易に設置できる。

太陽光発電システムを導入する最大のメリットは、電気代が激減することだ。太陽光発電システムの一括見積もりサイト「タイナビ」によると、電力の自給に必要な4kWの太陽光発電システムの設置費用で、現在最も安いものは60万円だ。このシステムを使い、太陽光発電パネルの耐用年数を20年と仮定し、途中10年経ったところでパワーコンディショナーを10万円で交換したとすると、トータルの設備コストは70万円だ。

タイナビによると、このシステムの年間発電量は４８４６ｋＷｈだから、単純計算で１ｋＷｈ当たりの単価は７・22円ということになる。現在、家庭が電力会社から買っている単価は34・25円だから、電力を自分で作れば、買うのと比べて５分の１のコストで済むのだ。

同サイトによると、60万円の太陽光発電システムを導入し、余剰電力を売却するようにすると、投資金額は６年で回収できる計算となっている。つまり、最初に投資をしてしまえば、７年目以降は、電気代はタダになると考えてもよい。もちろんパワコンの定期的な交換は必要だが、さほど大きな負担にはならない。しかも、太陽光パネルの耐用年数は20年ということになっているが、早くから太陽光発電をやってきた人に聞くと、20年たったらいきなりダメになるということはなく、多少効率は落ちるものの、パネル自体は30年くらいの間、十分使えるだろうと言う。

つまり、一度太陽光発電システムを導入すれば、一生電気代を支払わなくてよいことになるのだ。

実は、国による太陽光発電システムへの補助金は、もう何年も前に打ち切られてい

図表12　東京都による太陽光発電への補助金

区分	出力規模	補助額
新築住宅	3.6kW以下 3.6kW超	12万円/kW　上限36万円 10万円/kW
既存住宅	3.75kW以下 3.75kW超	15万円/kW　上限45万円 12万円/kW

るのだが、東京都などでは補助金を継続している。東京都の2024年度「家庭における太陽光発電導入促進事業実施要綱」によると、補助額は以下の通りとなっている。

例えば、既存住宅に4kWの太陽光発電システムを設置する場合は、48万円の補助金が出ることになっている。あくまでも机上の計算だが、太陽光発電システムが60万円だとすると、東京都の場合、補助金を差し引いてたった12万円で太陽光発電システムが設置できる計算になる。もちろん現実には太陽光パネルの性能などに条件があったり、架台設置の費用がかかったりするので、こんな単純な計算では片づけられない

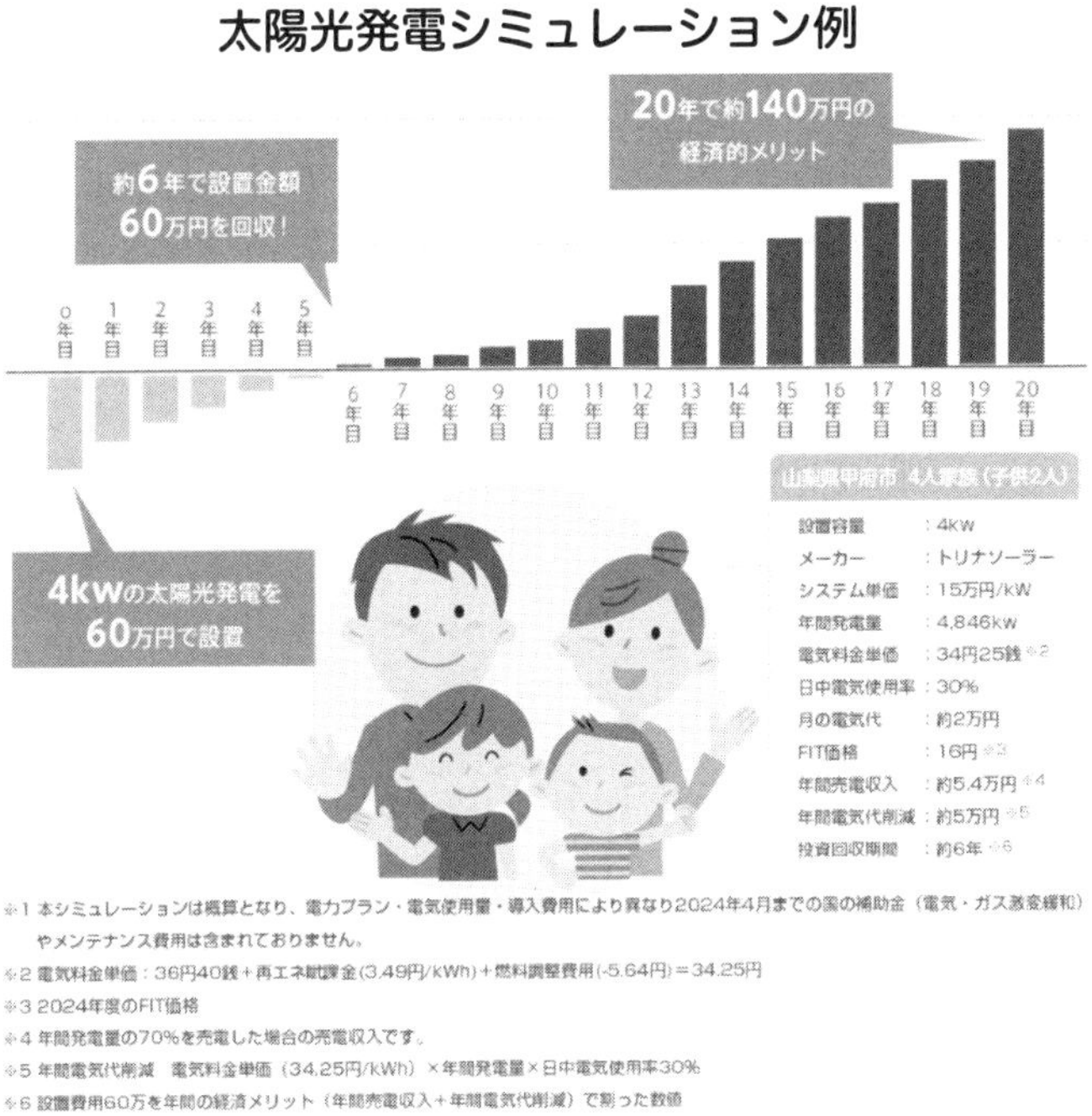
太陽光発電シミュレーション例
20年で約140万円の
経済的メリット
約6年で設置金額
60万円を回収！
0年目
1年目
2年目
3年目
4年目
5年目
6年目
7年目
8年目
9年目
10年目
11年目
12年目
13年目
14年目
15年目
16年目
17年目
18年目
19年目
20年目
4kwの太陽光発電を
60万円で設置
山梨県甲府市　4人家族（子供2人）
設置容量　：4kW
メーカー　：トリナソーラー
システム単価　：15万円/kW
年間発電量　：4,846kw
電気料金単価　：34円25銭 ※2
日中電気使用率　：30%
月の電気代　：約2万円
FIT価格　：16円 ※3
年間売電収入　：約5.4万円 ※4
年間電気代削減　：約5万円 ※5
投資回収期間　：約6年 ※6
※1 本シミュレーションは概算となり、電力プラン・電気使用量・導入費用により異なり2024年4月までの国の補助金（電気・ガス激変緩和）やメンテナンス費用は含まれておりません。
※2 電気料金単価：36円40銭＋再エネ賦課金(3.49円/kWh)＋燃料調整費用(-5.64円)＝34.25円
※3 2024年度のFIT価格
※4 年間発電量の70%を売電した場合の売電収入です。
※5 年間電気代削減　電気料金単価（34.25円/kWh）×年間発電量×日中電気使用率30%
※6 設置費用60万を年間の経済メリット（年間売電収入＋年間電気代削減）で割った数値

（出所）タイナビ　https://www.tainavi.com

のだが、大雑把な話をすれば、東京都の太陽光発電システムは、補助金を考慮すると、たった1年で投資額が回収できてしまう。「電気代ゼロ」生活はけっして夢ではないのだ。

なお、太陽光で発電した電気を夜間も使おうと思ったら、蓄電池を併設する必要がある。まだ蓄電池の価格は高く、4kWhの蓄電池で設置費用は100万円を超える。ただ、これにも東京都は高額の補助金を用意していて、6・34kWhの蓄電池の場合、1kWhあたり19万円、設置費用の4分の3までの費用を助成してくれる。そのため、蓄電池を30万円以下の自己負担で設置することが、東京都の場合は可能になるのだ。

だから、私がいま一番お勧めしているトカイナカは、東京都の多摩地域だ。都心と違って、自然が豊かで、地価も物価も安い。しかも財政が豊かな東京都の一員なので、太陽光発電システムへの補助金だけでなく、豊富な生活支援が得られるからだ。

○食料はできる限り自分で作る

私が農業を始めたのは7年前、群馬県利根郡昭和村の道の駅、「あぐりーむ昭和」の倉澤新平駅長から誘われたことがきっかけだった。あぐりーむ昭和は、道の駅に隣接する畑を持っていて、そこで「体験農業をしませんか、群馬に来られない週は、自分が代わりに草むしりをしますから」というお誘いに乗ったのだ。

畑とハウスを合わせて1坪強の小さな面積だったが、昭和村の気候と恵まれた土壌、そしてプロの農家の熱心なサポートで、驚くほどおいしい野菜が、豊富に収穫できた。それで農業に夢中になってしまったのだ。2年目には、田んぼを借りて、コメ作りまで手を広げた。

農業は奥が深くて、まだまだ学ばなければならないことがたくさん残っていたため、3年目も群馬の農業を続けようと思っていたのが、そこに新型コロナの感染拡大が襲ってきた。駅長から電話があり、県外の人間は参加できないという決定がなされたという。

あぐりーむ昭和のホームページ。https://agream-showa.jp/

私は茫然としたのだが、妻が家の隣の農家に頼み込んで、すぐ近くの耕作放棄地を借りてきてくれた。それを鍬一本で耕して、私のひとり農業が始まったのだ。

私は確かめたいことがあった。それは家族が食べる分をどれくらいの面積の農地で自給できるのかということだった。最初は1アール（約30坪）で始めて、翌年2アールに耕作面積を広げた。トマトやナス、きゅうり、レタスなど、主要野菜20種類以上に加えて、イチゴとスイカとメロンまで栽培の種類を増やした。

結論を言うと、1アールの畑があれば、家族が食べる分を十分収穫できるし、最盛期には大量に野菜が余るということだった。

わが家は佐賀県の実家でコメを作っているので、もともとコメは買っておらず、自分で野菜を作るようになって、スーパーで買うものは、肉や魚、そして調味料くらいになった。そのため食費は数分の1に激減したのだ。

ひとり農業は、思わぬ副産物をもたらした。それは、有機・無農薬の野菜が食べられるようになったこと、体を動かすのでよい運動になること、**そして最も大きかったのは、農業がとても知的で楽しいことを実感できたことだった**。自然が相手の仕事なので、思い通りにはならない。大雨が襲い、強風が襲い、病気が襲い、虫や鳥や動物が襲い掛かってくる。それらと闘うための知恵をこらしながら、収穫までたどり着けたときの喜びは、とてつもなく大きなものだった。

コストの問題に戻ろう。2023年の『家計調査』で、夫婦ともに無職の高齢者2人世帯（事実上年金だけで暮らす世帯）の月間消費支出は約25・1万円だった。金融庁の報告書では26万円だったから、ほぼ同じ水準だ。

この世帯が、電気を自給すると仮定し、電気・ガス代がゼロになると、家計は月間、1・8万円の節約となる。また、農産物は自給することにして、肉、魚、鶏卵、調味料以外の食費がゼロになると仮定すると、5・1万円の節約が可能になる。合計で6・9万円の節約ができ、25・1万円だった消費支出は18・2万円に減少する。さらに大都市からトカイナカへの移住で物価が下がることを考慮して、食料費、水道光熱費を除くすべての消費支出が20％減ると仮定すると、消費支出が2・1万円減少し、消費支出は16・1万円まで減らすことができるのだ。

9万円の節約があれば、今後公的年金の給付水準が下がっていっても、年金だけで十分暮らしていける。ただ、第一章で示したように、最悪のケースを想定すると、現在夫婦で21万円の年金収入は、12万円に減るので、この節約だけでは対応できない。そこで注目すべきは、「非消費支出」だ。

最終目標は住民税非課税世帯

2023年の『家計調査』で、夫婦ともに無職の高齢者2人世帯は、直接税1・3万円、社会保険料1・8万円、その他の非消費支出を加えて、合計3・2万円の非消費支出を毎月負担している。これまで述べてきたように、この非消費支出は、所得を減らすことによってゼロ近くまで節減することができるのだ。だから最終目標は、「住民税非課税世帯」になることだ。住民税非課税世帯というのは、世帯員全員の住民税が課税されていない世帯だ。そうなれば、今後、公的年金の給付水準が最悪の水準まで下がっても、年金収入だけの暮らしが可能になる。

さらに住民税非課税世帯には、さまざまな恩典がある。最近の話で言えば、2024年の定額減税の実施にあたって、定額減税の対象とならない住民税非課税世帯には、2023年に給付された3万円に加えて7万円（合計10万円）が給付された。2022年11月ごろにも、物価高対策として5万円が給付されている。

過去の歴史を振り返っても、2019年10月の消費税引き上げに伴って、プレミアム付商品券が販売されたとき、最大2万5000円分の商品券を2万円で購入できる商品券を買えたのは、子育て世帯と住民税が非課税の人だけだった。また、住民税非課税の人に扶養されている配偶者も対象となった。つまり2人で5万円分の商品券を4万円で買えたのだ。

また、2014年の消費税率引き上げのときにも、住民税非課税世帯には1万円の臨時福祉給付金が支給された。

さらに、政府は2020年3月25日から「緊急小口資金等の特例貸付」を実施し、感染拡大の影響で収入が減少した人を対象に最大20万円の資金を貸し付けることにした。この貸付金も、住民税非課税世帯は返済が免除された。

高齢層になると、現役世代と比べて、住民税非課税になるチャンスは拡大する。公的年金控除があるからだ。住民税非課税の所得水準は、厳密に言うと自治体によって異なるのだが、大雑把な話をすると、単身世帯の場合、年金収入が168万円程度まででなら住民税非課税になる。さらに給与所得控除と調整控除があるので、月給5万円以下なら、給与収入を加えても、住民税非課税になる。年金収入と勤労収入を合わせて228万円という年収の水準はけっしてむずかしいことではない。生活コストを下げ、必要な年収を減らすことができれば、多くの高齢者に「夢の住民税非課税世帯」になるチャンスが生まれるのだ。

第4章

豊かな老後を築くライフスタイル

前章「豊かな老後を築くマネー戦略」で述べたように、大都市を捨てて、電気と食料を自産自消するように変えれば、「カネを稼ぎ続けないといけない」という呪縛から解放される。老後に自由を手にすることができるのだ。

ただ、それだけでは老後の幸福はもたらされない。そこで得られた自由な時間をどう過ごすのかが、とても大切なのだ。私は豊かな老後を築くために必要なことは、以下の6点だと考えている。

①生きがいのためだけに生きる
②教養を身につける
③Die with ZERO
④教養とアートは、生前整理が不要
⑤オープンな人間関係を築く
⑥何も持たずに生まれ・何も持たずに死んでいく

○生きがいのためだけに生きる

いまの私には、時間さえ許せば、やりたいことが無数にある。歌と踊りのライブ活動、新作童話の執筆、博物館の展示作業、図鑑の出版、お笑いのステージ、カメラマンとしての写真撮影、畑での農作業などだ。そして、それは「こんなことができたらいいいな」と考えていることではなく、すでに取り組んでいることばかりだ。

私が大学教員になって20年が経つが、その間、学生に言い続けたことがある。**それは、「夢を持ってはいけない。持つべきものはタスク（課題）だ」というものだ。**「いつかできたらいいな」という夢は、手つかずで終わることが多い。だから、とにかく興味があったら、「いまやる、すぐやる、好きなようにやる」ようにしないといけない。そして、毎日1ミリでも前進すれば、ゴールは着実に近づいてくるのだ。

ただ、世のなかには、何をしたら生きがいになるのかが分からないという人が多い。長い職業人生のなかで、カネを稼ぐことに追われて、考える余裕を失っていたからだろう。私がそうした人たちにお勧めしているのは、とりあえず複数のことにチャレンジしてみようということだ。チャレンジは、何でもよい。小説を書いても、プラモデルを作っても、寺小屋を開いても、陶芸をしても、そば打ちをしても、何でもよいのだ。

私の知人は、70代を迎えて、初めてユーチューブのチャンネルを作った。彼は、コインのコレクターで、自分のコレクションを紹介しながら、日本の貨幣制度について語っている。とても真面目なチャンネルなのだが、アクセス数やチャンネル登録者数は、ほとんど伸びていない。それでもよいと思う。本人がそれで満足しているからだ。

ペットボトルのフタを数万種類集めている知人もいる。ゴミじゃないかと思われるかもしれないが、私自身もコレクションの一分野として集めている。

実は、これがとても奥が深いのだ。通常のナショナルブランドのフタの他に、地域限定のもの、期間限定のもの、通販限定のものなど、さまざまな希少なフタが存在する。最も入手がむずかしいのが、企業内限定ものだ。例えば、旧ジャニーズ事務所では、来客があるとペットボトルの水を提供していたのだが、そのフタには「J」の文字が印刷されていた。J水と呼ばれているジャニーズ事務所の水は、私が番組で共演していたジャニーズタレントに持ってきてもらった。ＤｅＮＡのロゴの入ったペットボトルのフタも、創業者の南場智子さんに頼んだら、段ボールで送ってくれた。もちろん、私がそうやって入手したフタは、情報をくれたそのコレクターにおすそ分けされる。

新しいフタの情報に常にアンテナを張り、行動していると、時間はあっと言う間に過ぎていき、時間がいくらあっても足りないくらいだという。しかも、世界の視点からみたら、日本では入手できない現地仕様のフタがある。コレクターたちは、それらを手に入れるために自らのコレクションを紹介するホームページのなかに、「交換します。連絡をください」というメッセージを書いておくそうだ。そうすると、世界中から交換の申し込みがやってくる。それも欧米だけでなく、中東や南米やアフリカなど、普段はあまり付き合いのない国のコレクターからのオファーもやってくるそうだ。ペットボトルのフタ一つで、国際交流が成立するのだ。

私は、生きがい作りのためのコツは、二つあると考えている。**一つは、できるだけ多くの分野に挑戦してみることだ。**何が本当に自分自身の琴線に触れるかは、実際にやってみないと分からない。だから、複数のことにチャレンジして、「これは合わないな」と感じたら、さっさとやめる。カネを稼ぐためのものではないのだから、我慢する必要などないのだ。そうして生きがいのメニューを積み上げていくのだ。**もう一つのコツは、できるなら世界一のポジションを取ることだ**。例えば、グリコのおもちゃは、これまで2万5000種類ほど作られたと言われているが、私のコレクションは、ほぼその半分をカバーしていて、おそらく世界一のコレクションだ。

それを私の私設博物館であるB宝館に展示しているのだが、そんな膨大な数を自分の力だけで集めたわけではない。私のコレクションをみた7人のグリコのおもちゃコレクターが、私のコレクションに加えてほしいと譲ってくれたのだ。トップを取ると、その地位はますます強固になっていくのだ。

○教養を身につける

もちろん、新たな生きがいを見つけるためには、その前提として、知識と興味という「教養」が必要だ。B宝館には、ミニカーやグリコのおもちゃの他に、食品のパッケージ、コーラの空き缶、歴代のデジカメやウォークマン、フィギュア、芸能人のサイン入りグッズなど、総勢60種類のコレクションが並んでいる。だから、初めての来客の人でも、少なくとも一つのコレクションに興味を示す。

ところが、ある日、高齢者施設から団体の来館者があった、そのなかの一人の高齢女性が、ポツンと一人で椅子に座り込んでいた。心配した私は、「どこか具合が悪いんですか」と声をかけると、彼女はこう答えた。「そうじゃないのよ。ここには見るべきものが一つもないの」と答えた。

その一方で、「棚の前で人が倒れている」という来館者の声を受けて、私が駆けつけると、倒れていたのではなく、コレクションを見るために、横たわっていただけだった。彼は、チョコボールの金のエンゼル・銀のエンゼルでもらえる「おもちゃのカンヅメ」のファンで、私の歴代カンヅメコレクションをしっかりと近くで見ようとしていたのだ。

興味という面でみると、一番驚いたのは、作家の林真理子さんが来館したときだった。彼女は、ミニカーを例外として、残った59種類のコレクションすべてに、興味を示し、うんちくを語ったのだ。それだけ幅広い興味を示した来館者は他にいない。私は、林さんの持つ幅広く深い「教養」が、次々に素晴らしい作品を創り出すクリエイティビティの源泉になっているのだと思う。

教養は、トカイナカを楽しむためにも重要だ。東京にいると、おいしい食べ物も素敵なエンターテイメントも、カネさえ払えば、簡単に手に入れることができる。顧客を楽しませるために、あらゆる努力が凝縮されているのだから、当然のことだ。ところが、トカイナカにそんな場所はない。一流レストランは、そもそも存在しないし、エンターテイメントも、たまにイオンに演歌歌手がやってくるくらいだ。

それでもトカイナカには豊かな自然があり、有名ではないものの、楽しめるスポットはたくさんある。**ただ、それを楽しむためには、教養が必要だ。**雲のことを知らなければ、大空を流れる雲を楽しめない。鳥のことを知らなければ、どんなに珍しい鳥が目の前にいるのかも分からない。

私は大都市のキラキラした魅力は、うま味調味料だと思っている。料理にうま味調味料を入れると、途端においしくなる。そうなるように作られているのが、うま味調味料だからだ。一方、トカイナカにうま味調味料はない。ただ、それがなくても、料理にあった自然の調味料を加え、調理の仕方を工夫すれば、うま味調味料を超える味付けも可能になる。それを実現する技術も、教養の一つだ。そして、その教養を経験者から受け継ぎ、自らの創意工夫で改良し、発展させることも、生きがいの一つになっていくのだ。

Die with ZERO

２０２０年9月に発行されたビル・パーキンスの『DIE WITH ZERO』という書籍が世界的なベストセラーになった。お金の稼ぎ方ではなく、どうやってお金を使い切るかという視点から書かれたお金の教科書だ。あの世までお金を持っていくことは不可能だ。だから、死ぬときには何も持たずに死んでいくのが理想だという考えに同調する人は、多いのではないか。しかし、多くの日本人は、その理念とは真逆の行動に出ている。

図表9で年齢別の金融資産保有額をみると、年齢とともに金融資産は増えていき、死亡する直前の70代で１５００万円の最高額を記録している。

厳密に言うと、このデータは現時点のそれぞれの年齢の人がどれだけの金融資産を持っているのかというクロスセクション・データであり、一人の人が加齢とともに金融資産をどのように変化させたのかというコーホート・データではない。ただ、仮に

図表13　世帯主の年齢別金融資産保有額

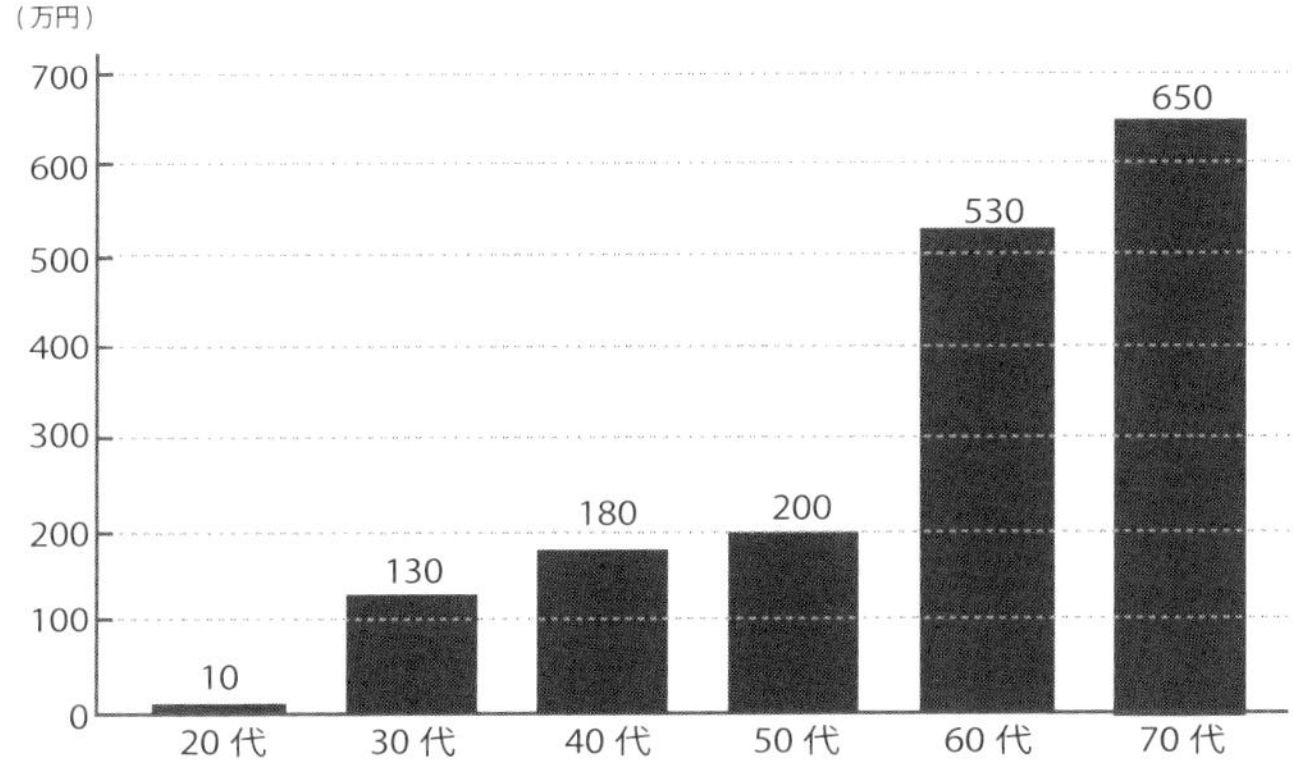

金融広報中央委員会「家計の金融行動に関する世論調査（令和5年）」より作成。
上記は金融資産を保有していない世帯を含む総世帯の中央値。

コーホート・データを描いたとしても、ほぼ同じグラフになるはずだ。平均的な日本人は、死ぬ直前まで、お金を貯め続けているのだ。

　なぜそんな行動をとるのか。しばしば言われるのが将来不安の存在だ。今後、公的年金の給付は確実に下がっていく。そして、増税や社会保険料の増負担や、社会保障給付の削減が一層進むことは確実だ。そうしたなかで、危なっかしくて、お金を使ってなんていられないと考える人が多いという。私もその通りだと思うが、**より本質的な理由は、お金に依存した暮らしをしているから、お金を手放せないのだと思う。**もっと言えば、お金に依存しているからこそ、危険な投資に手を出してまで、お金を増やそうとするのだと思う。

本書で提案してきたトカイナカ暮らしで、公的年金の給付の範囲内で暮らすライフスタイルを実現すれば、お金に依存する必要はない。Die with ZEROを実践できるようになるのだ。

実は私自身も、2023年12月にガンの余命宣告を受けてから、積極的な生前整理に取り組み始めた。まず取り掛かったのが、預金口座の一本化だった。最初に取り組んだのには理由がある。私は父を2011年に亡くしたのだが、父は普段使いの口座の他に、たくさんの口座に預金があると常々語っていた。ただ、その口座の通帳がどこにあるのか、ましてや通帳がどこにあるのかは、「分からない」の一点張りだった。

そこで私は実家に来ていた金融機関からの郵便をチェックして、一つ一つの銀行の支店に父の口座がないか問い合わせをしていった。情報開示のためには、相続人全員の合意書と父の人生で戸籍を置いたすべての市役所の戸籍謄本が必要となるなど、膨大な作業が必要となり、3カ月以上の時間が奪われた。東日本大震災で私の仕事が軒並みキャンセルになっていなかったら、おそらくできなかった作業だ。だから、預金

自身が経験した相続に関するトラブルについて講演する著者。2019年7月撮影。写真:スポーツニッポン新聞社/時事通信フォト

口座のリストを作って、妻に託していた。ただ、それでも口座の解約に手間がかかると思って、どうせなら一本化しておこうと考えたのだ。

ところが、これが予想以上に大変な作業だった。リスト自体は作っていても、その口座の通帳、印鑑、暗証番号がきちんと揃っていた口座は半分程度で、その他はどれかが欠けていた。例えば、印鑑がないと改印届を出さないといけないし、通帳がないと、再発行を受けなければならない。あくまでも銀行によってだが、それには数週間の時間がかかる。インターネット取引を行っていた銀行

では、暗証番号が分からなくなっていた。結局、再発行された新しい暗証番号がわが家に届いたのは1カ月も後だった。

そして、何より大変だったのが、銀行に行っても、すぐには応対してもらえない時代に変わったということだ。いまは窓口に行くためには事前予約が必要だ。だが予約を取れるのは数週間先だ。結局、私が預金口座の一本化を終えるまでに4カ月もの時間を要したのだ。

もう一つのお金の生前整理は、証券会社に預けてある株式や投資信託、外貨などの投資資産の整理だ。バブル崩壊を確信した私は、数年前から少しずつ株式を処分してきたのだが、上げ相場のときに売却の決断をするのはむずかしい。「持っていれば、もっと儲かったのに」と、どうしても思ってしまうからだ。

ただ、2024年7月12日、67歳の誕生日に、私はどうしても株主優待が必要な株式を除いて、外貨を含むすべての投資資産を処分し、現金化した。いま振り返ると、ほぼ株高と円安のピークで売却できたのだが、**それは私がバブル崩壊の時期を予見できていたからではない。**

私はいま、ガンの治療を行っているのだが、自由診療が含まれているので、毎月の自己負担が１００万円を超えている。医師からは、数カ月で完治に向かうか、死ぬのかの決着がつくと言われていたのだが、治療が始まって半年以上が経過したにもかかわらず、いまだに膠着状態が続いている。もしこの膠着状態が数年続くと、数千万円単位の負担が生ずる。そのための費用を確保しておこうと思ったのだ。治療費に使うつもりで株式を保有していると、バブル崩壊が来た途端に治療費を負担できなくなってしまう。**何が何でも延命をしたいわけではないが、株式市場に命を左右されるのは面白くないと考えたのだ。**

＋モノの断捨離

お金の生前整理に加えて私が同時に始めたのが、モノの断捨離だ。最初に取り組んだのは、パソコンだった。わが家には、使わなくなったパソコンが、10台ほど残っていた。さっさと処分すればよかったのだが、データの漏洩を恐れて、そのまま積み上げて置きっぱなしになっていたのだ。ただ、それだけの数になると、部屋を圧迫する。そこで専門の業者に引き取ってもらうことにした。

幸いなことに、最近の金価格の上昇で、部品のなかに金が含まれているパソコンは、運賃を含めて無償で引き取ってくれる。私はリネットジャパンという会社のサービスを利用したのだが、ここは段ボールにパソコンを1台入れれば、空きスペースに周辺機器や小型家電を詰め放題で、まとめて引き取ってくれる。データ漏洩に関しても、無償でハードディスクを完全消去できるソフトウエアを提供してくれるので、少し手間はかかるが、金銭負担なしにパソコンの処分ができる。作業は、順調に進んだ。部屋が見違えるほど広くなったのだ。

次に取り組んだのが、大学の研究室だ。数年前に同僚の教授が突然亡くなったのだが、どの教員の場合も、大学の研究室というのは研究のための書籍や資料であふれている。その整理のために、亡くなった教授の奥さんは足繁く研究室に通い、少しずつ処分を続けていた。

高齢の女性にとっては、大変な負担だったと思う。その事態を避けるために、私は研究室内にあるすべてのモノを処分することにした。もちろん一人ではできないので、整理業者に依頼して、集中作業をしてもらった。8畳一間くらいの小さな研究室だが、5人がかりで午前中一杯の時間がかかった。処分する書籍などの「モノ」は、2トン車の荷台が満杯になるほど多かった。

なお、モノの生前整理の際、業者選びはとても重要だ。悪質な業者だと、作業が多いからと言って、請求額を吊り上げていったり、作業の際に、明らかに残しておくべきものだと分かっても、さっさと処分してしまったりするからだ。私の場合は、いろいろ調べた結果、家の近くに拠点を持つ「エコトミー」という若い会社に依頼することにした。エコトミーは、実に丁寧に作業をしてくれて、見積もり以上の金額を請求することは、まったくなかった。

これは、偶然なのだが、同時期に義理の母が介護施設に入所するため、それまで住んでいた2DKの部屋を引き払うことになった。こちらは、衣類や生活用品が中心だったので、とてつもない作業になった。4人の作業員が朝から夜まで丸二日間作業を続け、そして処分したモノは2トン車5台分になった。

長時間が必要になる原因は、環境対応が厳しくなっているので、事前の分別作業に、とてつもない手間がかかるからだ。**そして、もう一つ分かったことは、整理の際に「売れる」ものはほとんどないということだ。**例えば金のアクセサリーなどは、地金の価値があるので、そこそこの値段が付くが、それは例外中の例外で、食器などの生活用品に値段がつくことはないし、着物も例えば大島紬の名品には値段がつくが、普通の着物は基本的にタダだ。そして、分別されたゴミは、産業廃棄物として処分されるので、処分自体にコストがかかってくる。

ネット上では、2DKの遺品整理にかかる費用として10万円程度を呈示する業者が多いが、現実には数倍、下手をすると10倍以上のコストがかかることもあるという。大変な負担が降りかかってくるのだ。

ただ、断捨離は、普段から進めておけば、時間もカネもかからない。そこで、思い出したことがある。私が社会に出て最初に勤めた日本専売公社では、本社採用の大卒社員は全国転勤が前提だった。私の同期で一番転勤した男は、10年間で13回も転勤した。だから、本社採用の社員は転勤慣れしていた。異動の季節になると、週末は複数の引っ越しに駆り出されたのだが、そこで一番驚いたのは、家財道具がほとんどないことだった。それは中高年社員でも同じだった。

我々は、便利な道具やかわいいグッズがあると、ついついそばに置きたくなってしまう。しかし、そんなものはなくても、暮らしは成り立つのだ。

だから、Die with ZEROの前にLive with ZEROを普段から実践しておく、それが老後生活の自由度を高めることに直結するのだ。

老後生活に入ったら、まずスーツをすべて捨てよう。「まだ着る機会があるかもしれない」と思われるかもしれないが、まずスーツを必要とする暮らしを捨てるのだ。

○教養とアートは、生前整理が不要

いま私は猛烈な勢いでカネやモノの生前整理を進める一方で、逆に猛烈な勢いで増やしているものが二つある。一つは「教養」で、もう一つが「アート」だ。アートと言うのは、絵画とか音楽だけではない。小説にしろ、俳句にしろ、ダンスにしろ、クリエイティビティを含むあらゆるものが、アートだ。

まず、教養に関して、私はいま、主要新聞をすべて読み、経済誌も読む。ネットの記事も毎日読むし、学術論文もたまに読む。話題の書籍は、とりあえず最初の30ページを読んで、意味があると思ったものは、最後まで読んでいる。新商品や、新しいビジネスワードも、琴線に触れたものは、詳しく調べる。また、私は恵まれていると思うのだが、ラジオのゲストに普段はまったく付き合うチャンスのない人たちがゲストで来てくれるので、放っておいても、教養はどんどん蓄積されていく。ちなみに今日のラジオのゲストは、スズメバチ芸人の丸沢丸さんだった。東京農業大学を出た彼は、スズメバチ研究の第一人者で、スズメバチを語らせたら、右に出る人がいない。しかも心からスズメバチを愛していて、スズメバチと一緒に暮らしている。そうした多様な分野の専門家の話を聞いていくと、フルスピードでインプットを増やしていくことができるのだ。

その一方で、アートのアウトプットも、過去最高スピードのペースで続けている。『書いてはいけない』を出版して日本航空123便の本当の墜落原因を指摘して以来、テレビの報道番組、情報番組からは、すっかり干されてしまったが、ラジオの5本のレギュラー番組と10本以上の雑誌連載は継続中だ。そして何より、いま最も時間を割いているのが、書籍の執筆だ。実は、この本の執筆と並行して、いま私は13冊の書籍を同時執筆中だ。

教養のインプットと、アート作品のアウトプットに共通する最大の利点は、生前整理が不要だということだ。アートについては、生前整理が不要というのを通り越して、作品自体が世の中に残されていく。だからいま私が力を入れているのが、寓話の執筆だ。「打倒イソップ」が、いまの私の生きがいの一つになっているのだ。そして、それは「夢」ではなく「課題」だ。実際、20年間実現しなかった童話の絵本の出版も、いま目前までできている。67歳にして、ようやく絵本作家としてのデビューが実現するのだ。

モノがなくても、カネがなくても、老後生活を幸福にする手段は、いくらでもあるということだ。

最終目標は、一億総アーティスト

大学で学生を教えるようになって20年、ゼミ生を中心に私が一番力を入れてきたのが、プレゼンテーション能力の向上だった。ここ一番の大切なときに頭が真っ白になって、何もしゃべれなくなると、せっかくのチャンスを一生逃してしまいかねない。チャンスの女神に後ろ髪はないからだ。

だから、私はゼミの2年生の春学期の授業では、徹底的なプレゼンテーション能力のトレーニングを行っている。即興の川柳やなぞかけ、三題噺などに加えて、モノボケや一発芸など、**ほとんどお笑い養成所のようなことまでやっている**。その成果は確実に出ていて、半年も経つと、突然の指名を受けた二人のゼミ生が、30分間のネタ合わせのあとに、誰でもオリジナルの漫才を演じることができるようになるのだ。

ただ、20年の経験から分かったことは、「クリエイティビティを鍛えることはできない」ということだ。アート作品に「正解」はない。クリエイティビティは、本人の人格そのものものなのだ。教える側は、そのクリエイティビティを表現できる技術を伝え、発表の場を用意することだけなのだ。

しかし、一人ひとりのアートが異なるからこそ、世の中は楽しいし、本人の生きがいも生まれる。**だから、老後はカネに振り回されるのではなく、カネから解放されて、皆がアーティストになることが、幸福への一番の近道になると私は考えている。**

○オープンな人間関係を築く

定年後は、現役時代に培った人間関係を大切にして暮らしていくべきだという話をよく聞く。私は、真逆だと考えている。老後生活に入ったら、まず断絶しなければならないのが、現役時代からの付き合いなのだ。

例えば、元同僚や取引先などから、飲み会やゴルフのお誘いがくる。それにいちいち応えていると、あっと言う間に時間とカネが消えていく。せっかく手にした老後の自由が奪われてしまうのだ。

ただ、私の場合は、そうした被害に遭うことが少ない。元々私には、「友人」が一人もいないからだ。

現役時代から私は、「一緒に闘いましょう」と誘われても、すべてお断りしてきた。例えば、財務省との闘い、日航123便の真相究明、弱肉強食の経済政策との闘いなど、私の主張と完全に一致する活動でも、情報交換はするものの、共闘はしてこなか

著者の名前や顔写真を無断で使い、投資を勧誘する広告の一例。ただし著者は、そもそもSNSをやっていない。写真:時事

った。**それは、私に何かあっても人を巻き込まないためであり、共闘する人に何かあっても、自分が巻き込まれないようにするためだ。**誰かと友人関係になるということは、その分だけ自分の時間や自由を失うことに直結する。また、仲間を作るということは、同時に仲間外れを作ることを意味する。

　私は、自分のメールアドレスをホームページ上で公開しているので、メールでお誘いがくる。最近も、元会社の同僚から「飲みに行きましょう」というお誘いがあった。彼とは、同じ会社に属してはいたが、同じ職場にいたことはなく、現役時代に一緒に飲食をしたこともない。「顔見知り」くらいの関係だ。

その彼がなぜ突然飲みに行こうと誘ってくるのか。本人に確認したわけではないが、おそらく「自分はいま話題の人と友人であり、一緒に飲みに行った」ということを周囲に自慢したいのだと思う。冗談ではないと思う。私は、いま毎月100万円以上のコストをかけて、命を永らえさせている。カネで命を買っているようなものだ。それをなぜ何の義理もない知り合いに奪われないといけないのか。もちろん、お誘いは即刻お断りした。

ただ、私のメールアドレスには莫大な数のメールが毎日届いている。2023年まではSNS型投資詐欺の被害者からの連絡が圧倒的に多かった。ただ、メタ社が詐欺広告の掲載を抑制したからか、メディアがSNS型投資詐欺を採り上げてくれて、手口が世間に知れ渡ったからか、あるいは騙されるタイプの人が一通り騙されてしまったからかは、分からないのだが、被害の連絡が大幅に減少していることは、間違いない事実だ。

一方で、一向に収束の気配がないのが、ガンの治療法のアドバイスをするメールだ。これまでの半年間で、「この方法でガンは克服できる」という趣旨のメールが千数百件も送られてきた。対処法もさまざまだ。「自分はこれでガンを克服した」「家族が克服をした」といった体験型のものから、「この病院に名医がいる」「知り合いが末期がんから生還した」といった単なる伝聞情報、さらには。「この食品を取るとガンが治る」とか、「このサプリを飲めばよい」とか、「この薬が効く」といった具体的な対策を提案するメールもたくさん届く。

私は医師とも相談しながら、それらの一つ一つの効果を検証していった。**その結果、採用すべきと判断した治療法は一つもなかった**。詳しいことは『がん闘病日記』に書いたので、繰り返さないが、要は、科学的根拠がないのだ。ガンには特効薬がない。だからどの健康法、治療法も完治の確率をわずかに上げるだけだ。ただ、そのわずかな効果を立証するためには、膨大な数のサンプルを用いた検証が必要になる。しかし、そうしたエビデンスに基づく提案はほとんどなかった。もちろん、医療関係者から、エビデンスのある論文も数例送られてきた。ただ、その論文を読むと、莫大な時間とコストをかけても、生存確率を1～2％上げる程度の効果しか、新たな治療法なり、薬剤の効果はないのだ。

ただ、論文を送ってくる人は少数派で、大部分の人は、思いつきで提案をしてくる。そのなかには、治療に役立つと言って、健康食品、サプリや薬剤の錠剤や粉末、治療薬や健康増進のための液体など、さまざまなモノが事務所に送られてくる。

申し訳ないのだが、私は、それらを即刻廃棄している。**いま私は捨て身の権力批判で、命を狙われかねない立場にいる**。その状況で、見ず知らずの人から送られてきた得体の知れない液体や粉末を服用できるはずがない。実際、ある人は、液体の入った小瓶を送ってきた。それは農薬で、庭木にかけたら青々とした葉が復活したので、その農薬を薄めて自ら作った治療薬だと言う。まだ誰も使ったことがないから、やってみたらどうかというのだ。農薬なんて飲んだら、一発で死んでしまう。ただ、送り主本人は、まじめにガンを克服できると信じているのだ。

問題は、なぜ大量の治療法の提案が送られてくるのかということだ。私は彼らが私を「友人」にしたいからだと考えている。もし自分の提案で私がガンを克服したら、彼らにとってはとてつもない功績になる。周囲に自慢もできるだろう。しかし、そのために私が負うコストやリスクを考慮することは一切ない。友人のポジションを得ようとはするが、自分はコストもリスクも一切負わないのだ。ただ、私の健康のことを本当にきちんと考えているかどうかのリトマス試験紙を私はすでに用意していた。それは、コミュニケーションの「有料化」だ。

私は、友人を持たない一方で、逆にすべての人と「オープンな人間関係」を築くことを心掛けてきた。だから、どんな小さな、無名のメディアでも、取材の依頼があった場合は、原則として引き受ける。ただし、取材のギャラは要求する。報道目的の場合は、1分当たり税別で1000円、生活情報関連の場合は2000円、ガン関係など私の評論活動とは無関係の取材は4000円というのが原則だ。

なぜそうしてきたかというと、ほうっておくと、延々と時間を奪われてしまうからだ。例えば、雑誌の記事の場合、10分も話を聞けば書けるスペースの記事を1時間も2時間もかけて取材しようとする。長い時間のインタビューをすれば、どこかに記者が書きたいことに近い内容を私が話すかもしれない。だから、手を変え、品を変えて、延々と取材を続け、私の主張とはまるで異なる記事を完成させるのだ。カメラマンの場合も同じだ。新聞や雑誌に掲載する私の写真は、数分もあれば撮影が終わるのだが、黙っていると数十分もかけて100枚以上の写真を撮っていく。写真の著作権は、カメラマンに属するから、ついでにたくさん撮っておけば、使う予定がなくても、カメラマンの資産は確実に増えていくのだ。

そうした暴走を防ぐための手段として、私が導入してきたのが、拘束時間に応じたギャラの請求だった。ただ、それには猛烈な反発があった。「森永は弱肉強食の資本主義を批判しておいて、自分が一番のカネの亡者ではないか」という批判だ。

しかし、その批判は的を射ていないと思う。例えば、アルバイトをするときに、時給を支払ってもらえなければ、誰でも怒るだろう。**逆に、タダほど危ないものはないのだ**。例えば、SNS型投資詐欺では、私の名前を語るニセモノが登場して、「社会貢献のために無償で投資のアドバイスをします」と言い、私の著書をこれも無償で送ってくる。それが詐欺師を信じ込むきっかけとなったという被害者も多いのだが、そうしたことがあったら、まず疑わないといけない。無償の投資アドバイスなどしても、私に何のメリットもないからだ。

私は、いま私のところに来たメールに関しては、「オープンな人間関係」を築くため、一度だけ無償で返信をしている。ただし、無償はそのときだけで、2回目の返信からは、1回1万円の料金を要求している。電話やZOOMで話をしたい人は、1時間あたり12万円、直接話したい人は、24万円の料金だ。こうした料金設定によって、自らコストやリスクを負わずに、ダメ元で私と自分の利益のためだけの「友人関係」を築こうとしている人の大部分を排除することができる。実際、これまで料金を支払って私とコミュニケーションを取った人は、数人しかいない。長文のメールで、「森永さんのファンで、森永さんが健康を取り戻せるように、これだけ綿密な資料を準備しました」と言ってきた人が、たった1万円の料金を請求するだけで、その後、一切口を開かなくなってしまうのだ。

ＳＮＳ型投資詐欺や新ＮＩＳＡの老後詐欺にひっかかる人は、そんなタイプだと私は思う。自分で汗水たらして働くのではなく、リスクを負うわけでもなく、他人任せで勝手にお金を増やしてもらえる。**そんなよこしまな心を持つから、詐欺師たちの格好の餌食になってしまうのだ。**

何も持たずに生まれ・何も持たずに死んでいく

ここに書くことは、死生観や宗教観にかかわるので、同意できる人は少ないかもしれないが、最後に私が人生をどう考えているのかを書いておきたい。**私は、あの世なんて存在しないし、ましてや神など存在しないと考えている。**死んでしまったら元の木阿弥、何も残らない。すべて幸福は、命がある現世をどう生きるのかにかかっていると考えて生きてきたのだ。

私がそう考えるようになったきっかけは、大学1年生のときに受けた笠原一男教授の日本史の授業だった。日本史というのは名ばかりで、笠原教授の授業は1年間、鎌倉仏教に終始した。その授業のなかで、親鸞や日蓮といった鎌倉仏教の創始者が何を考えていたのかを教授は語り続けた。

思い切って要約すると、時代の転換期で生活に苦しむ民衆の現世を救うため、宗教家は、念仏を唱え続けるだけで、あの世で幸福になれると説いた。あの世なんて存在しない。そのことを深く認識しながらも、あえて民衆に対して、あの世の存在をアピールし、現実には存在しないあの世での幸福という希望を抱かせることによって、現世での生きがいを与える。そのウソをつくという決意が、「悟りを開く」ということだと言うのだ。

　私はその話を聞いて、わずか18歳で悟りを開いてしまった。もちろん、私は親切な人間ではないので、悟りを開いた後も、自らの宗教を立ち上げるような行動は一切しなかった。ただ、それ以降、私には宗教が不要になった。私は私一人が入信する宗教の教祖になったからだ。

　これは、無理難題なのかもしれないが、私は読者にもっと強くなってほしいと願っている。カネに頼らず、モノにも頼らず、他人にも頼らず、神にも頼らない。自分の人生は、自分の判断だけで、生きたいように生きる。それを一番実現できる環境が手に入るのが、生きるための最低限を公的年金が支えてくれる老後なのだ。

　人は、何も持たずに、一人でこの世に生まれてくる。そして、何も持たずに一人で死んでいく。あの世に、カネもモノも人間関係も持っていくことはできない。**だからこそ、自由を享受できる最後のチャンスである老後は、カネやモノや人間関係に縛られず、自分の幸福だけを追求する人生を送るべきだと思うのだ。**

おわりに

いま吉本興業には、6000人を超える芸人が所属しているという。そのなかで、「オーシャンズ・イレブン」と呼ばれる億単位の報酬を得ている芸人が複数いる一方で、所属芸人の9割以上は、お笑いの稼ぎが年間10万円を下回っている。もちろんアルバイトで稼いでいるので、飢え死にすることはない。逆に、私は貧乏芸人が不幸だとはまったく思わない。それは、ステージで観客の拍手喝さいを浴びるという快感を享受しているからだ。

それは、他のエンターテイメントでも一緒だ。中京地区は、日本で一番ローカルアイドルが多い地域なのだが、私は名古屋で開催されたローカルアイドル選手権の審査委員長をしたことがある。審査中、私は、機会が与えられたアイドルユニットすべてに、「運営からもらっているギャラはいくらですか」という質問をした。答えは全員がゼロだった。それどころか、イベント会場への交通費などが自腹のユニットがあったり、運営の費用が足りないからと言われて、スポンサー企業の飲食店で無償労働をしているアイドルまでいた。

それでも彼女たちは文句を言わない。なぜかと聞くと、ステージでファンの熱気を受け止め、ファンと一体化してパフォーマンスをしているときには、この上ない幸福に浸れるからだという。

私自身は、アイドルの経験はまったくないのだが、歌や踊り、お笑いのステージに立ったことは何度もあるから、ステージに立つ興奮のことはよく分かる。その興奮は、ギャラがどうだのといったこととは、別次元の強い喜びを与えてくれるのだ。だから、何度も繰り返すが、人生で最優先すべきことは、自分を表現することの喜びなのだ。そのパフォーマンスが売れるかどうかは、時の運だ。

私は、ハリウッドザコシショウの芸が大好きなのだが、彼が国民的な認知を受けるとは夢にも思わなかった。古坂大魔王も大好きだったが、彼が世界的なスターになることも想像さえしていなかった。

一方で、いまや世界的な評価を集めるゴッホが、存命中に売ることのできた絵画は、友人が買ってくれた1枚だけだったという。

一人ひとりが、思い切り好きなことをすることで、無数の「表現」が生まれる。その表現の一滴が、集まって創造性の海が生まれる。そのなかで、たまたま時代の風の偶然でスポットライトを浴びた個性がスターになっていくのだが、スポットライトが当たらなくても、それは不幸ではない。

実は、私にはやりたかった実験がある。それはスーツを着ずに、Tシャツ一枚で、ニュース番組に出演することだ。最近、ネット上のニュース番組ではあったものの、それがあっけなく実現した。ニュース番組ではきちんとした格好で出演しないといけないというのは、単なる思い込みだったのだ。

イタリアには、「世の中は多様である。だから美しい」という諺があるそうだ。老後生活にはいったら、すべての忖度を捨て、自由な表現者の一人として、創造性の海の一滴になろうではないか。

〈著者略歴〉
森永卓郎（もりなが　たくろう）
1957年、東京都生まれ。経済アナリスト、獨協大学経済学部教授。東京大学経済学部を卒業後、日本専売公社、経済企画庁総合計画局、UFJ総合研究所主席研究員などを経て現職。『年収200万円でもたのしく暮らせます』（PHPビジネス新書）、『ザイム真理教』『書いてはいけない』（三五館シンシャ）など著者多数。

新NISAという名の洗脳

2024年10月10日　第1版第1刷発行

著者　森　永　卓　郎
発行者　岡　修　平
発行所　株式会社ＰＨＰエディターズ・グループ
〒135-0061　江東区豊洲5-6-52
☎03-6204-2931
https://www.peg.co.jp/
発売元　株式会社ＰＨＰ研究所
東京本部　〒135-8137　江東区豊洲5-6-52
普及部　☎03-3520-9630
京都本部　〒601-8411　京都市南区西九条北ノ内町11
PHP INTERFACE　https://www.php.co.jp/
印刷所
製本所　TOPPANクロレ株式会社

ISBN978-4-569-85826-5